老後ぐらい好きにさせてよ

楽しい時間は、「自分流」に限る！

野末陳平

青春出版社

まえがき

ありがたいことに、ぼくの老後はいい友人いい知人に恵まれて楽しい毎日、ひたすら感謝あるのみです。この調子で、あと数年は生きていたいと思います。どんな老後が理想なのか、そういうお手本や教科書はありませんが、ぼくの身辺雑記が少しでも参考になってくれれば、こんなにうれしいことはありません。

ぼくは遺言状をすでに書き、然（しか）るべきところにあずけてありますが、葬儀などは原則的にやらず、身内だけで死後の始末を簡単にしたい方針です。お別れの会なども大げさにやらず、限られた少人数でひっそりやって欲しいと願っています。

人間死ねばゼロなんだから、死と同時にぼくはこの世から抹消されるのです。テレビなどが生前の映像を流すかもしれませんが、本心ではそれを望んでいません。ぼくの死を悼（いた）んでくれる方には、その場その場で思い思いに哀悼（あいとう）の意を表してもらえれば、それがいちばんの幸福だと思ってます。

人は生きてる間だけが花です。死は怖いけど、近い将来必ず、ぼくにも訪れるわけですから、いまは死を深く考えてはいません。健康で人生を面白がる老後の日々を、それなりに楽しむことで充分に満足なんです。

長たらしくて自分勝手なまえがきになりましたが、読者におかれては、興味ある項目を拾い読みして、ご自分の老後生活の参考にしてください。かなり楽観的で甘い内容になってますが、それを承知で読んで欲しい。それが、ぼくの願いです。

どうぞ、よろしく。

野末陳平

平成二九年二月

『老後ぐらい好きにさせてよ』

目次

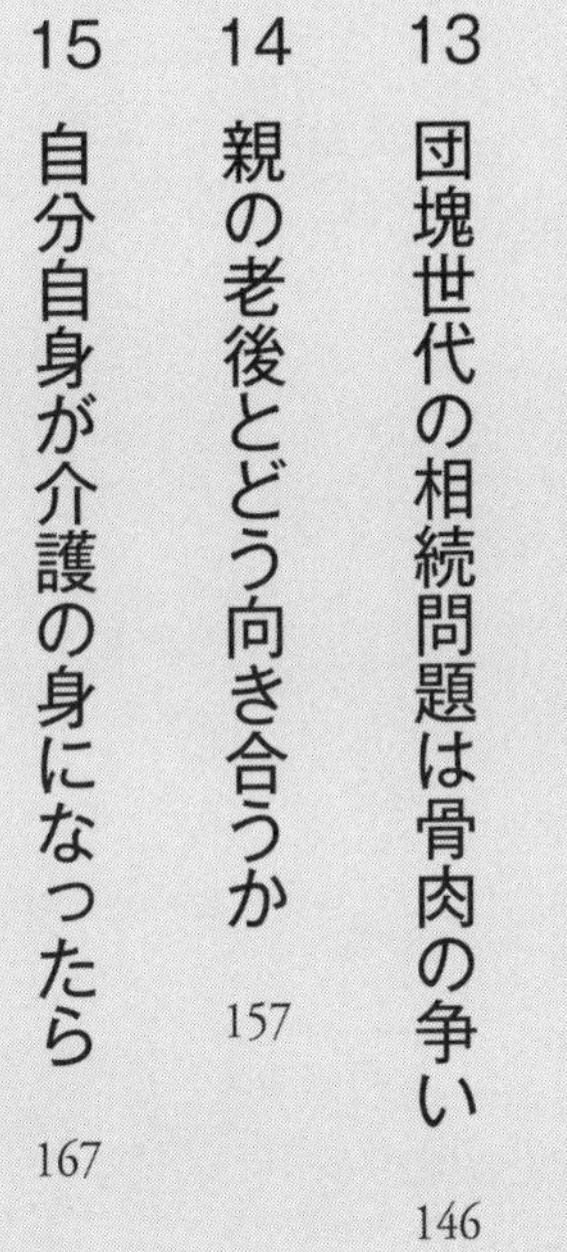

カバー&本文イラスト／マスリラ
本文ＤＴＰ／ハッシィ

老後は人さまざま
勝手流に生きるしかない

老後なんて、ありがたくもない⁉

率直に言って、老後なんてそんなに楽しいものではありません。年をとるってこと自体、誰でもイヤです。心から満足する充実した老後なんて、少なくともぼくにはまったく考えられません。

むしろ不安で、情緒不安定で、日々の時間が長すぎて、面倒でつらいことも少なくない。

「いっそ早く死ねたらいいのに」

誰もが本音は、こんなところではないでしょうか。

いきなりこんな不快な書き出しをぶつけて、申し訳ありません。本書は、50代60代の人たち中心に70代にかけての高齢者予備軍に読んでもらいたい、そういう意図に基づいたぼくの身辺雑記風の読みものですから、楽しくて面白くなくては意味がありません。

ぼくの見聞きするところ、わが国の高齢者たちはその多くが今のところ平均して恵まれています。

「まずまず安定した暮らしです。一家で小さな幸福（しあわせ）を享受してますよ。

上を見たらキリないけど、まぁまぁ過不足のない老後です」

こんな感想をよく聞きます。一部に不運で気の毒な老人たちも存在しますが、アバウトに言えば、中流ギリギリの高齢者がほとんどで、病気や貧困に追われて苦しむ、いわゆる下流老人はまだまだ数少ないといっていいかもしれません。お前は甘いと言われそうですが。

とはいえ、一見、幸福そうに生きてる高齢者もホンネのところはかなり複雑です。ぼくが周辺で拾ったコメントとしては、必らずしも前向きで元気いっぱい、というわけでもありません。

「寄る年波かな、あちこちに故障が出てきて、耐えるのもつらいよ。体の衰えが何よりも悲しい」

と82歳の従弟。高齢者は全員、似たり寄ったりで、大小の故障をみんな体に抱えています。

「世間は矛盾だらけですね。トクする人はいつもトクして、損するあたしらはいつも損ばかり。こういう不公平が世間というものなんでしょうか」

と身の不運不遇を嘆く老婆。

「いやいや、世の中には世渡り上手の奴がいて、常に甘い汁を吸うんだ。反対に要領が悪いといつもワリ食って日陰に追いやられ、苦しみに耐えるんだ」

こんな分析を得意げに語る老人もいます。

年とれば、誰もがそれなりの人生観と世相分析を披露しますが、そういう声はたしかに人生の一面を鋭くえぐっていて老後計画の参考にはなります。

老いのホンネはここにあり

極端にいえば、男女を問わず、高齢者たちに共通する深い思いは、次の二つ。

「年とったら、勝ち組も負け組も大差ない。みんな平等にトシとるね、えらい人も金持ちも」

「そうさ。だから前向きになれず、うしろむきの生きかたしかできないんだ。一番ショックなのは、オレはもう世の中から必要とされていない、この冷厳な事実じゃないかな。オレは自治会の世話人やってるから、まだマシだけど」

順不同に老人の思いを並べましたが、ぼくも半分以上、同感なんです。誰しも口に出して言わないだけ。人の老後なんてそんなに楽しいものではないんです。

だから高齢者ってのは、守りに徹するしかない。いちおうの安定と老後の蓄えが、そこそこあるのが現代の平均的なお年寄りですから、こういう先のわからぬ不透明不安定な時代には、言わずもがな、より防御的な守りの体勢に入らざるを得ません。あくまで、ぼく個人の見方ですが。

「もうさんざん働いて頑張ってきたんだ。しかしこれからの時代は、日本ももう下降線しかないだろう。人手不足、人口減少、消滅都市、国は借金地獄、国民負担増大、こう考えただけでわれわれ年寄りは老後の備えしかない。自分の身は自分で守らなくて誰が守ってくれるんだ？」

これが高齢者たちのほぼ一致した心境。だから消費にも慎重だし、投機や投資にも臆病で手を出しません。政府筋がいろいろ誘導策をうちだし、

「高齢者の方、もっとお金使って下さい」

声を大にして叫んでも、動くのは一部の富裕層が欲で乗りだすだけ。普通の高齢者は自分の健康と老後の経済不安の心配で精いっぱい。心身ともに縮こまっているしかない図式なのです、この国は。

「高齢者のみなさん、元気だして。もっともっと長生きして余生を楽しみましょうよ」

などと調子のいいセリフやメッセージをマスコミなどで発信されても、笛吹けど踊らず、高齢者たちはそれなりに自分のお金しっかり抱いて、今さら日本経済に貢献しようなんて思いもしません。

「おいおい陳さん、お前はわざと老人の弱みを強調して、これから老後を迎える50代60代70代前半の人たちの前途に水をさすのか」

と文句を言われそうですが、どっこい老後には老後の生きかたと自負があって、これは各人みんな、それぞれ自分流の人生だから、ちがいはあるけれど、

「まわりに迷惑かけずに、自分のことは自分でキリモリしていこう。少しでも楽しく」

この了見がベースにあるのです。ここが日本人のえらいところというか、しっかりした基本の方針を自分なりに立てて、苦しい老後を何とか自力で乗りきろうと決意しているのではないでしょうか。

その姿にぼくも刺激と影響を受け、

「自分の老後は自分できっちり構築しなければ」と思うように至りました、70代に入ってから。

何をおいても3Kが大事

今さら言うまでもなく、快適生活の基本は、

「快食　快眠　快便」

これに尽きるのでしょうが、老後は中々こうはいきません。食欲が落ちたり、よく眠れなかったり、便通が悪かったり、健康ってのもなかなか厄介なシロモノで、年とると誰もがここらで苦労してます。

「老後はとくに健康でなければ、話にならん。あたり前じゃないか」

これが常識ですが、ぼくの「老後三原則」は健康にプラスして、

「だいじなのは健康、経済（お金）、交友交遊」

つまりこの3Kなんですね。この3Kについて、ぼくはこれから身辺雑記風に語りたいのですが、それが読者諸兄の参考になるかどうかは、まったく分かりません。

自分のことに限定すれば、ぼくは仕事を引退してから、他人とはちがうぼく流の老後の方針を次のようにきめたのです。

「余生は目立つことなく楽しく遊んで面白がって、街の片隅でひっそり生きてみよう。いつ死んでも後悔しないように」

決して前向きではありません。むしろ、うしろ向きですけど、年齢とともに頭脳や体力、気力が目に見えて衰えてきたので、世のため人のために尽くすような目立つ仕事は、いつの間にか出来なくなって、

「自分のことだけでいっぱいだ。自分が楽しいことが一番だ」

と勝手に考え、そういう意味の個人主義に徹しようと思ったのです。ぼくはこれを、自分主義といってますが、老人のエゴ、わがままに通じるかもしれません。

そうはいっても、ぼくも出来る範囲でボランティアをやったこともありました。毎月お寺の法話会で漢詩の講義したり、千代田区の福祉センターで、連続5回の世相雑談を何回もやらせてもらったり、その他にもいくつか、いちおう70代の前半までは体を動かしてきました。

でも今はもう80を過ぎましたから、自分のことにしか頭がまわらなくて、さっき書いた３Ｋの老後を何となく楽しんでいます。

まず健康第一。これには自分なりに神経質なくらい気を使い、寝込まないように無理な頑張りはしません。

次に経済。つまりお金の話ですが、これは年とるとそんなにお金使うところがなく

て、ぼくはそこそこの蓄えで何とかやっていけます。

そして交友と交遊。実はこれがぼく的にはかなり大事なテーマなんですが、これらについては徐々にこれから書いていこうと思っています。

必要なのは、自分なりの工夫と知恵、そしてそれを実現するためのマメな努力がいります。

「なんだよ。年老いてまで、努力かよ。お説教はいらんよ」

などと言うなかれ。

快適で楽しく面白い老後なんてのは、自分で創作し構築していくもの。それなりの工夫と知恵と努力が必要不可欠だと思うんです、充実した満足の老後のためには。

「なんだい、結局は自助努力と自己責任かよ」

と読者を白けさせてしまいそうですが、いえいえ努力も工夫も何にもしない老後もあります。

ぐうたらに日々食って寝て起きる。それもいい。惰性で何となく、だらだらと日が暮れる。それも悪いわけじゃない。

趣味や仕事に追われて一日が早い。それも老後の理想に近い典型でイミがある。やりたい事を苦労しながらやり、笑いで結果を出す、それも充実した老後です。

「どんな生きかたでも、他人にとやかく言われることじゃない。自分の老後は自分で選んで自分できめる、これがベストではないか」

と、ぼくは本心で思っているが、ほかの人たちの生きかたに口ははさみません。老後は人さまざま、それぞれが自由にきめて、勝手に生きる。それでかまわないと思ってますし、この時代は事実みなさん高齢の方はそういう老後を送っているはずだと思うのですが。

とはいえ、引きこもりでウツになるなんてのは、余生がもったいない。どんどん外に出て、誰かとしゃべって刺激をうけたほうがいい。そうは思いますが、それもその人の自由ですから、引きこもり即ちダメ、とは言えません。

「いくつになっても人間は前向きの生きかたが理想だけど、そうは問屋がおろさないのが人生だ」

とでも開き直って、この際過去のすべてを忘れて、心機一転、新規まき直しで楽しい老後を目ざすのも一興だとぼくは思ってます。

そういうつもりで、ぼくは老後の今を生きてます。

その意味で、本書は面白い読みものであって欲しいと同時に、楽しい老後のためには少しばかりの工夫と知恵と努力がいる、そんな思いもこめて、私生活の一端を開陳しました。

しょせん雑談トークです。

前半は、老後一般にかかわる身辺雑記風の読みもの。

後半は、団塊(だんかい)世代の老後予備軍、そしてそれ以下の人たちの老後に向けて、ぼくが気になってるお金がらみの実用トークをほんの一部、雑談風に。

はじめから通読しなくても、興味ある項目だけ拾い読みしても話のネタになる、そうあってくれと著者としては願望する次第です。

では、まずは３Ｋのうち、〝交友交遊〟の項目から読んでいただきましょう。

1

老後の居場所は退職前から、さがしておく

老いのいましめ 1

・人生の総括なんて、いくつになっても出来ない。
年とれば年とるほど、総括はむずかしい

健康・お金・交友交遊の３Ｋを支える鍵は、自分だけの、自分の自由になる、ひとりだけの空間、自分の城というか居場所というか、生きる拠点の用意があるかどうか、ここがポイントです。とはいえ、いま30代40代の男女諸兄姉の老後なんて、何十年も先だからまるで見当もつきませんが、ぼくの周辺の昭和世代サラリーマンＯＢは一様にぼやきます。

　ほぼ60代後半から70代の人たちですが、

「オレの居場所がなくなるんだ。家にいると、ヤマの神が小うるさいしオレが下手(したて)に出てもまるでオレを無視して、まともに相手してくれない。娘と女房の家に、オレは居候(いそうろう)してる感じだな」

　大なり小なり、これが退職後の実情らしく、会社を退き無職無収入、年金だけの浪人になった時に誰もが気づくことは、

「家庭はオレの居場所じゃなかったんだ」

　そして、しみじみと思うことは――

「オレの半生は何だったんだ？　少なくとも心の休まるオレ独自の居場所は、このわが家じゃない。どういう経緯(いきさつ)でこうなっちまったんだ!?」

ボヤいてももう遅い。勤続30年40年の間に世界（？）は変わった、妻や子が変身してしまったんです。

あなた自身もそうではありませんか。

「ここはオレの自宅ですよ。自宅なのに、自分の寛（くつろ）げる場所がない。山の手線で一周して、副都心線で一往復してもまだ日は暮れない。帰る居場所はどこなんだ？」

こんなところが笑えぬ実話かも。

無理もない。現役時代は家庭より仕事が中心で、とくに昭和のサラリーマンは仕事中心、家庭なんて妻まかせにしていましたから、老後そのツケがまわってきただけの話。家庭はとっくに妻たちの居城になってしまった。

これじゃわが家で落ち着けるはずがない。居心地がわるい。定年後のサラリーマンOBにとって、家庭はこころの拠（よ）り所（どころ）になり得ません、本人が反省して人格・生きかたを変えれば別でしょうが。

じゃ会社はどうか？　これは家庭よりさらに冷たい。退職すれば、会社にはもう自分の机がないんだ。居場所どころか、退職の翌日にはもう自分の名札もデスクも片づけられ、部下たちも偉くなっていてそこそこにしか相手をしてくれない。会社にはもう気楽に出入りさえ出来ません。

「会社に居場所がなくなるのはあたり前だ。といって家庭も心地よい居場所とはいえないし、さておれはどこを老後の拠点にして生きたらいいんだ!?」

　こういう悩みで退職後数か月から数年間は、虚脱状態になる人もいるとか。定年後に会社と家庭の両方の居場所をいっきょに失うなんてのは、珍しくありません。いわばマジメ一筋、会社依存の従来型サラリーマンによくあるケースで、いじ悪くいえば、自業自得（じごうじとく）のなせる業なのかも。

「同期の友だちとＯＢのたまり場でも作れば？」

　なんて奥さまがたは簡単に言うけれど、会社時代の友だちなんて、会社があり仕事があってこそのつきあいです。毎日会って週に何回か飲食を共にしていたからの友だちであって、会社を離れてしまうと、自宅はおたがい東と西、南と北に遠く離れているから、会う機会が意外と少ない他人どうしだし、退屈のあまり元の会社に連絡して後輩を呼びだして現役時代に行きつけの飲み屋かなんかに行ったとしても、

「いやあ、お元気ですか？」

と後輩にソツなくお愛想（あいそ）をいわれ、ぼく忙しいので、と体よく逃げられるのがオチ。

時間とともに、会社とも後輩とも縁が切れ、行きつけの飲み屋で待っていても、いつまでも誰も現われないという、みじめな現実の直撃もないとはいえません。

「ちぇッ、たまり場まで変わってしまったのか」

なんて嘆きを抱えてスゴスゴと帰宅する、こんな例は稀なんでしょうが、会社と友だちを一気に失ったところで、寝起きする家庭があるだけまだ幸せってなもんで、騒ぐことも慌てることもありません。これがイヤなら、新しい友人をつくり新しい居場所を見つければいいわけですから。

こんなところが現在の70代世代でしたが、団塊の諸兄姉は趣味も多く、家庭ももともと妻中心でしょうから、いっきょに居場所を失う悲劇（？）はないかもしれません。

重要なのは、単なる居場所でなく、

「居心地のいい、オレの居場所」

なんです。さらに言えば、誰にも遠慮のない自分の城、これを持たない老後は、味気なく空しいものです。

これは自分で作らないとダメ。誰も面倒みてくれません。理くつより実例のほうがわかりやすいでしょうね。

山口さんは元出版社勤務。役員までいったのだから、出世して老後の経済生活には困りません。退職当初は流通部門の責任者を命じられ、新刊旧刊の配送配達の仕事を監督していました。出勤は、月火金の３日だけ。

「うらやましいね、休みの日は何してるんですか？」

と後輩にきかれ、

「ジムに通って体を鍛えてるさ、長生きしたいから」

これでほぼ満足の退職後でしたが、会社の方針で任期が終り、山口さん何と週に３日、土曜日曜をいれると5日間もの休みがとれるようになったのです。

さあ困った。２日間はジムでつぶれますが、あとの5日間、まさか家にはおれません。妻の相手もさることながら、三度の御飯もままならぬ。山口さんはそれまで何十年、どっかり坐る自分の居場所があったことで、心身ともに落ち着いていたのです。

「毎日、することがない。ジムだけじゃ生きた心地がしない。何よりも郊外の家から都心に出たい。オレの体は50年のサラリーマン生活で、そんな風に慣れきってしまったんだ。東京に通わない人生なんてない。わかる、この気持ち」

山口さんは知人の詩吟（しぎん）愛好家にたのみました。仲間にいれてくれ、東京の教室で詩吟の勉強がしたいんだ、と。

「どうぞ、どうぞ。仲間がふえるのは、ありがたい」

晴れて詩吟仲間の一員として週1回は都心の教場に通うことに。ここからが、かれの偉いところです。

初心者ですから、まだ下手なので精勤し、一生けんめい先輩達に稽古をつけてもらう。ここまでは普通ですが、ぼくが驚いたのは、山口さんの背広姿。毎回毎回、きっちりした白いワイシャツにネクタイしめて、現役時代と同じ背広姿でさっそうと稽古に通ってくるのです。

「こうしないと、都心に出てきた感じがしないんだ」

まさにこれ、実直サラリーマンの性（さが）ですね。

ぼくはひたすら感心し、

「もっとリラックスした普段着のほうが稽古がラクなのに」

山口さんはネクタイで2時間の稽古が終ると、いつの間にか数人の仲間をつくって、近所でお疲れの飲み会をはじめる習慣になっていました。

主催者にきくと、

「かれが作った飲み会では、会費が2千円ってことに。はじめ3人だったのが今は8人ですよ。注文、勘定などすべてかれが仕切るから、ワリカンでみんな安心してついていく。現役時代のキャリアが役に立ってるよ」

むしろ感心しきり。聞けばこの飲み会は、詩吟稽古のあと欠かしたことなく、今や十数回に及ぶとか。

「詩吟もぼくの居場所だけど、そのあとの飲み会の世間話のほうがぼくの喜びです。こういう老後は思ってもみなかったですよ、友だちみんな感心してます」

これぞ自画自賛のおかしさ。でも、自力で70歳すぎてから、誰にも遠慮のない自分の居場所をみつけたことには敬意を表します。

聞くところによれば、家庭も以前よりずっとマシな居場所になったようで、70歳すぎてのネクタイ姿こそが山口さんの老後を象徴してますね。

なるほど、工夫次第でさまざまな自分流の老後が開けるんです。ばくぜんと待っていたら、それこそ引きこもりのみじめな老後かも。

次のエピソードはやや深刻になりますが、ある日突然幸せで安定した生活が崩れ、居場所どころか、妻も家庭も失ってしまった鳴海クンの話です。

鳴海クンの夫人は、くもまく下出血で、お友だちと食事中に突然亡くなりました。一人娘は他に嫁ぎ、祖父ののこした大きな邸宅に二人ぐらしだったかれは、夫人を亡くしてからはもう、自宅へ帰る気もしない、ここがわが家とは思えない、オレはホームレス同然だ、というのです。

「妻のいないわが家は、文字通り孤独になりました。約1か月は仕事もできずに廃人のように暮らしましたが、わたしを救ってくれたのはテニス仲間だったんです。通り一ぺんのつきあいで入会したテニスサークルだったんですが、この仲間が、妻の死後、ひんぱんに誘ってくれるようになり、いまは毎日、テニスで汗かいてます」

一時はもうどうなってもいい、自分も後追い自殺してもいい、と覚悟までしたそうですが、

「大きな家に一人でじっといるのが耐えられなくて、女房がいてこそのわが家だったのに、まるでもうユーレイ邸でした。ここはもうオレの居場所ではない。居場所は亡き妻のいる〝あの世〟だと思ったほどです」

その悲嘆ぶりをテニス仲間が見るに見かねたのでしょう。みなさん70代80代の高齢者で、それなりに恵まれた立場なんですが、そのかれらが手を差しのべてくれた、これが現役時代に全くつきあいのなかった、趣味を通しての新しい地元の友人・知人なんです。ここが想定外でした。

「それまでは、単なる通り一ぺんのテニスのおつきあいだったんですが、のちに不幸があってから急に接近してくれて、なぐさめの言葉の代りに、ムリして時間を作って、テニスの相手をしてくれる、ぼくもこれで気がまぎれ、何とか立ち直ることができました。いわばテニスコートがぼくの新しい居場所になったのですね、「心の安まる」

鳴海クンはその後、自宅を売却しマンションぐらしに変わったそうで、実をいえばここが、そのうちかれの居心地のいい新しい城になるかもしれません。今のところはテニス仲間と汗を流すコートという居場所なんですが。

話かわって、実はぼくも、新しい居場所を求めたことがあります。

今は亡き鎌倉光明寺（こうみょうじ）の御前様（ごぜんさま）であった、宮林昭彦師と、大正大学で知りあったのが仏縁とでもいうか、温厚篤実（おんこうとくじつ）な先生のお導きで浄土宗本山で得度（とくど）の儀をうけることにしたのです。

「ひょっとして、仏教が自分の居場所になるかも」

と浅薄に考えた結果ですが、得度して法名を頂いたものの、ぼくはいい弟子ではなく、仏の教えを究める方向にはいきませんでした。

その代り、70代に入ってからですが、ぼくは光明寺の大広間で、宮林先生との二人による法話会を毎月やることになったのです。ぼくの担当は、「漢詩よもやま話」といった程度の雑学トークでしたが、毎月百人をこす善男善女が聴講してくれて、ぼくもお寺にご恩返しができました。

宮林昭彦師が白血病で亡くなる1週間前、ごいっしょに鉄板焼を食べましたが、同席した大正大学の柏木正博氏や石田順子さんも、まさかこれが今生のお別れになるとは思わず、和気あいあいと雑談したものですが、その時の宮林先生のお言葉が、

「人間、一期一会ですからね、今度われわれはいつ会えるか」

これが印象的で忘れられません。

くり返しますが、居場所とは心が落ち着ける誰にも遠慮のない自分の城のようなも

の。会社や家庭にそれがあった、と思うのは昔の話で一種の錯覚。70歳を待たずして誰にもそれがわかります。

団塊世代の人は今からそれを考えておく必要があります。

老後の生活設計には3千数百万円が必要だ、とマネーコンサルタントが言ったからとて、その準備に汲々としたところで自分の居場所がなければ、そのお金も生きた使い道がみつからないでしょう。

「ぼくはわが家の一室を、自分の城にしたんだ。ここをオーディオルームに改装して毎日好きな音楽を心ゆくまで鑑賞する。これがぼくの一生の夢でね、改装費にヘソクリ全部使っちゃったけど、その代りここには女房たりとも一歩も入らせない。これこそぼくの居場所なんだよ、いつ眠ろうが、いつ起きようがぼくの自由だし」

こういう例もあります。

同じ趣向でいくなら、都心のワンルームを自分用に確保しているおたく風の老人も知ってます。その部屋はアニメやフィギュアが満載の美術館みたいで、ぼくは気持ち悪くなりました。

「居場所という名前にこだわることはないよ。行きつけのバーやコーヒー屋があれば、それも居場所のひとつだ」

こんな見方もあります。

一例をあげれば、地元の居酒屋で意気投合した相手と、日時をきめてそこで落ちあい談論風発、うまい酒をのみ、うまい物を食って数時間、それ以外になんの利害もないから適度の距離感でつきあえる、これもまた、この居酒屋の一隅がかれらの居場所です。

あるいはまた、地域のボランティア活動で知りあった仲間が打ちあわせなどで寄りあうレストランなども、老後の貴重な居場所です。

「老後の友だちは趣味仲間や地元で見つける、そのほうが人脈も広がり、なにかと新鮮でヒマな時間が充実するね、だいじなのは適度の距離感を置くことだ」

と70代の旧友が話していました。

失敗しがちなのは会社時代の同僚たちとのつきあいです。

「どうだい、年に何回かはおたがいに会って旧交を温め情報交換しようじゃないか」

こういう計画、幹事とか世話人がしっかりしていれば長続きしますが、たいてい途中で雲散霧消してしまいます。なにしろ自宅がそれぞれ遠いし、利害がまったく不一致だから、こういう会自体が盛り上るというわけにもいかないのでしょう。

蛇足ですが、ぼくの見聞するところ、都心勤務だった人たちは、退職後は急速に人間関係が希薄になる嫌いがあるようですから、60代のうちに新しい人脈を広げ、そして新しい自分の居場所をさがし、70代以後の老後に備えた方がいいと思いますね。

百人の老後には百人の勝手な生き方があり、そしてまた百通りの居場所があっていいのです。それが現代というものです。

2

めし友を持たない老後はさびしい

老いのいましめ 2

・女性と若者、ほめておだてて花もたせ

老後のひとり飯はまずい。食欲もないし、ご馳走でもうまく感じない。食事はみんなでにぎやかに食べるほうがうまいにきまっています、たとえ粗食でも。

「食うことは生きることとなり」

高齢者にとってひとり飯は、生きていく妨げになるとさえ言えるのです。

よく知られたデータとして、長寿国日本の平均寿命は、男79・55歳、女は86・30歳となってますが、これは寝たきり老人などもカウントした数字らしく、

「だいじなのは健康寿命ですよ」

今はこれが合い言葉。男の健康寿命は71・19歳、女のそれは74・21歳（『平成28年版厚生労働白書』による平成25年時点のデータですから、現在はさらに延びているかも）。

健康寿命とは、「健康上の問題で日常生活が制限されることなく生活できる期間」と定義されてますから、誰しも少しでも長い健康寿命を楽しまなきゃ、生きる意味がないってものです。

健康寿命の秘訣は？　と聞かれれば、人によりそれはさまざまでしょうが、この重要用件の一つに、運動や趣味よりも、話し相手の、できれば、ごはん食べながらの話し相手の存在が必要不可欠となる、とぼくは思ってます。

「カミサンが話し相手かよ?」

などと早まるなかれ。奥さんとは無言でめし食っていてもよろしい。夫婦だからアウンの呼吸で通じます。ぼくのおすすめは、奥さん以外の雑談する話し相手です。とうぜん男女、年齢など問いませんが。

ぼく自身に話をしぼりますと、今のところゴハン友だちは、ぼくにとって最大の生きる武器です。毎日たいていお昼を誰かといっしょに食べ、雑談の中で情報や知識を交換し、知恵やアイディアも出しあい楽しむ、そういう間柄をぼくはめし友と呼んでいますが、相手は男女を問わず、30代から70代までの年齢層に広がっています。

まず、今の雑談ランチのスケジュールを話しますと、週1回ペースでお昼に会うA組は、新田次郎賞をもらった作家で演芸通の吉川潮クンを軸にして、さまざまなジャンルの知人を揃えてもらう。

ぼくたちは二人とも酒がのめないのでうまい物屋専門に食い歩いてますが、銀座、赤坂、日本橋、新宿、巣鴨、神田須田町など、時には司会業の島敏光クンも加わって、ハバ広い地域を自由気ままに食遊しています。ランチと雑談含めて1回の所要時間が3、4時間だから笑っちゃいますね、それがもう3年以上も続いているから。

次の週1グループB組は、立川流の落語家たち。立川志の輔の一番弟子で真打ちの晴の輔、真打ちに昇進した、（立川志らく一門の）立川志らら、もうじき、正式に真打ちになれる立川らく次、ここにたまに立川談春の一番弟子立川こはるや林家木久蔵、桂竹丸、そして超売れっ子の春風亭一之輔などが加わってのにぎやかな雑談ランチ。かれらは若いから気楽に大食いして、夕方までしゃべりまくります。

この2グループには、時たま春風亭勢朝や放送作家のベン村さ来クンも加わって、バカ話をさらに盛り上げてくれますから、ぼくは聞き役の時間のほうが多いという始末。

これで週2日がつぶれますが、週1欠かせない雑談ランチの友がぼくのマンションの隣りの出版社ブティック社の志村相談役。女子社員たちも参加してくれるから、にぎやかでソフトな雰囲気の中でぼくは千円そこそこのうまい（？）昼めしを食い、麹町近辺の何軒かの店の常連客になってしまいました、ホテルグランドアークも含めて。

これで週3日は埋まります。あとの2日はマスコミ関係。青春出版社、文藝春秋、小学館、フジテレビ、東京ＭＸテレビ、ニッポン放送などの旧知の現役陣に来てもらい、半蔵門近辺のどこかの店で合流し、マスコミや世間の話題に花を咲かせます。

それから元民主党代表の海江田万里君とも、月に1回ぐらいは政治ネタで会食します。かれはぼくの元秘書であり、中国学のお弟子さんでもありますから。

こうしてぼくの昼めしは、ひとりで食べることはめったになく、いつも誰かといっしょです。

吉村作治先生とも月1回はニコニコ動画の収録ついでの雑談ランチもあるし、土曜日曜だけですね、ひとりめしってのは。

料金的にはランチですから、ぼくが出したところで大した金額ではないし、ワリカンだったり相手のおごりだったり、それらの役まわりをツーカーの呼吸で分担しますから、誰もが負担に感ずることなく、ぼくのめし友関係は長く続くんだ、と勝手に思ってます。

雑談ランチの妙は、みんな話題が広く豊富で、話のネタに事欠かないし、1週間ぶりに会うから誰もしゃべりたいことが山ほどある、これじゃ情報交換も盛り上らないわけがありません。

当然、軽い悪口や辛口批判が次から次へと飛びだして、これがまたいっそうゴハンをおいしくしてくれる、まさに一石二鳥の効果です。

「その雑談ランチはお前の仕事のようなものだな」

といわれれば全くその通りで、これを抜いたらぼくの毎日はただの孤独で哀れなじいさんです。もっとも、時間とヒマの余ってる人が結局は対象になってしまいますが。

「サラリーマン時代は、めし友なんてよりどりみどり、行く店も種々雑多、店にも相手にも困らなかったが、定年後はどうも毎日出勤のサラメシってわけにいかないので、ひとりめしが多いよ。といって女房と二人で食べても味気ないし」

こんなボヤキ節も聞きますから、参考までにぼくの雑談ランチの実態をもう少し補足しますね、自慢にならない程度に。

雑談ランチを長続きさせるコツは、もちろん人選によるところ大ですが、食べる店の選びかたにあります。若ければ、それこそ行きあたりばったりでさまざまな店に飛びこみ、好き嫌い、相性のよさなどを試せますが、ぼくを含めた60代以後の高齢世代はわりと保守的ですから、毎回新規の店を開拓しようなんて手間は面倒です。

いつもきまった居心地のいい店だけ行こう、その線でお気にいりのごひいきコースをきめておくのです。

中華、とんかつ、焼き肉、天ぷら、イタメシ、スシなど、それぞれの料理店を2、

3軒きめてあり、週ごとに順次そこを回る。食べ終ったあとは拠点を近くに移し、次の雑談はなじみの喫茶店、気まぐれにぶらりと新しい店へ入ることはめったにありません。

こういうおきまりのコースでこそ、居心地よく安心してうまい食事ができるし、何時間あきることなく話題も弾むってわけですね。ぼくにとっては、毎日のお昼がこういう老後の小イベントなんです。

引きこもりでテレビやゲームで時間ついやす人もいるでしょうが、ぼくは視力低下で夜の外出がきついので、明るい時間を目いっぱい楽しみたい方です。つまり、話し相手がいてこそぼくの一日は順調に運んでいくのですね。

「のみ会のほうが面白い」

と、ブティック社の志村相談役なら言うでしょうが、ぼくは飲めないし、そんな体力も気力もないので、雑談ランチの友だちのほうが健康長寿の大きな支えになってるのは今さら言うまでもありません。

雑談ランチ長続きのコツ、もうひとつはイベント情報です。雑談ネタはいくら面白くても聞いてもすぐ忘れるし、マスコミ引退の今は人前でもうネタを開陳する必要性もないので、話題より噂話やイベント情報がぼくには必要なんです、映画とかコンサートとか落語会とかの。

パソコンやスマホなどでそういう情報はいくらでも入手できるでしょうが、ぼくは目が悪くて新聞もとってないし、ネット操作もうまく出来ないので、めし友たちによる耳寄り情報が一番の頼り、面白そうだと思えば、すぐそれに乗ります。

池袋の新文芸坐での高倉健追悼映画祭も何度か足を運び、なつかしい健さん池部良の道行きシーンも堪能しました。めし友吉川潮クンなどは演芸の世界に顔がきくので、

「今度ぼくのプロデュースで月亭可朝と立川談春の二人会やります。横浜にぎわい座遠いですけど、昼もやりますから、どうですか」

との情報。これは断れませんよ、ぼくは横浜までホイホイ行きました。おかげで談春、可朝の落語を聞き、楽屋では談春師匠とひとしきり昔話を楽しませてもらいました。

めし友の輪がどんどん広がるのは、もちろんぼくの望むところで、

「今度、海城学園高校の川崎先生を晩めしに誘ったら、どうでしょう？」

という青春出版社の山崎クンの提案で、これも即成立。川崎先生は数学の先生ですが、海城学園古典芸能部の顧問ですから、これも若い学生たちの話題が豊富で、ぼく

を若返らせ、いい気持ちにさせてくれる一人です。ただし時間帯が夜なので、うちの近所のホテルグランドアークを使ってます、ここは夜10時まで営業なので。

そして、思いだしましたよ。この時、川崎先生も永井荷風ファンであることがわかったので、３人でこんな成りゆきに。

「そういえば、南千住の浄閑寺で、毎年、荷風忌やってるという話ですから、４月30日という平日ですが、ゴールデンウィーク中だから、悪くないですよね」

山﨑クンの提案を実現させてもう6年になります。荷風散人の命日にぼくたち自称荷風チルドレンは毎年、浄閑寺を訪ね、荷風忌の講演講話を聞き、そのあと荷風の面影を求めて浅草や向島を散策する習慣（？）になってます。永井荷風に関連した話は、別の項目で、また。

かくてぼくとしてはこの年齢で、めし友による新情報のおかげで、若いころには体験しなかったユニークなイベントを楽しませてもらい大満足なんです。

うん、ユニークといえば、めし友という感じではなく、ぼくがお酒の相手をする唯一の人が世界の数学者秋山仁先生です。秋山先生とはもう20年以上のおつきあいで、現在は東京理科大学の秋山研究室に常勤していますから、先生との食事どころはたいてい神楽坂です。

「おい、じいさんどうしてる？　出てきませんか」

こういう突然の電話でぼくは呼びだされます。予約ではなく、いつも突然です。だから留守電のことも多い。神楽坂はぼくが昔、若宮神社の隣りに住んでたこともあり、サマ変わりした今でも少しは土地勘があって、呼ばれた場所には夜でも5分か10分あれば、出向けます。

秋山先生はにぎやかなお酒で、同席の人が何人かいるから、飲めないぼくとしても楽しい一時なのですが、これにはイベントがつきもの。秋山先生のアコーディオン演奏です。

先生は必ず由美かおるを呼びます。彼女は先生のアコーディオンの一番弟子なんです。「水戸黄門」時代のイメージのほうが強いですが、ぼくにとってはアコーディオンと歌の由美かおるで、彼女は昔の歌を弾き語りで聞かせてくれますから、プロによるイベント気分です。

観客はぼくを含めて数人、時にはぼく一人の時もあり、いわば秋山・由美かおるの有名人コンビを独占した形のミニコンサート。演奏は10曲に及び、ぼくの野次で先生も上機嫌になるから、こんなぜいたくな遊びはありません、うまいごち走も並んでるし、飲めないけどお酒もあるし。

「チンペイ、死ぬまでにシャンソン10曲覚えろよ。そしたら仲間に入れてやる」

酒の勢いもあって先生に適当にいじられ、喜色満面の老翁のこの姿をあの世に持っていきたいものです。この関係はめし友ではなく、不良老年仲間といえますね、秋山先生はまだ60代で現役バリバリ世界の秋山といわれてますけど。

なお、理科大の一角にある秋山先生の作った「数学研究室」も一見の価値ありで楽しく学ぶ親子の会場になってます。

人間を長くやってますと、それは知ってる、そこは見た、そこも行った、と勝手に思いがちですが、自分の知識、体験、頭脳なんてのはタカが知れていて、ナマの魅力や情報、現況などは無限に広く深いですから、ぼくはめし友たちのヘルプで、ずいぶんトクしてる晩年の気分です。

「世の中には自分の知らないことが多すぎる。こういう知識をあの世に持っていけないのが残念だ」

なんて思うこともあります。うまいめし、楽しい話題、有益な情報、この三拍子が揃ってこそぼくの余生を楽しくさせてくれるとすれば、めし友たちとの雑談ランチ企画は家族よりも貴重ですよね。

つけ加えますと、ぼくは料理は大の苦手で、レトルトや缶詰、ビン詰、袋づめのお惣菜しか食べてないから、夜のひとり食事などせいぜい5分か10分しかかかりません。

「こういう粗食でも、家族といっしょならば、にぎやかで楽しいかな」

などと、ちらりと思うこともありますが、家族の面倒くささ、女房への気づかい、それらを考えたらひとりめしのほうがずっと気楽で、たとえオリジン弁当でもぼくは気分よく食べています、旧友は哀れと言いますが。

いやはや、雑談ランチの話をだらだらと話し続けましたね。だいじなのは、めし食いながら話し相手がいればこそ、健康寿命がのびて老後が充実して楽しい、という趣旨ですので、終りに蛇足を。

「引きこもりで、テレビやペットと会話や対話してる奴は、早死にするぞ。人間を相手にしなきゃ死を待つのみだ」

高齢のみなさんこそは健康寿命をのばすために、ここをしっかり心がけて下さい。余計なおせっかいと承知の上ですが……。

3

人脈筋のいれかえを常に心がける

老いのいましめ 3

・マスコミとは、不安拡大、危機増幅、無責任野次馬産業である男女を問わず、団塊世代のみなさんが、老後を迎えるにあたって心すべきこと、あくまでぼくの個人的なおせっかいの域を出ませんが、それは次の二つです。

●マスコミの言説に踊らされるな。

とくにテレビのワイドショーですね。コメンテーターなんてのは片々たる意見の切り売り屋で、時にとんでもないミスをやらかします、専門外のコメントを求められるのだから。もっとも、笑ってすませる程度ですが。

●マネー評論家を自称する連中のアドバイスはいっさい無視せよ。

かれらはよく勉強してますから、間違ったことは言いません。コメントは部分的に応用できます。ただし、かれらのすべては老人ではなく、老後の経験が全くなくて想像でモノを言ってるだけですから、

「老後の生活設計には3千万円かかります」

かりにこう結論したとしても、それは机上の計算だから現実味に乏しい。年をとると、意外にお金がかからないものです。マネー評論家の意見に従って過大な老後設計する愚は、やめましょう。老後の金銭設計は、身の丈にあった程度で充分です。

以上二点だけ踏まえれば、あとは自身の判断しかありません。老後は長いから、試

行錯誤で何とかなっていくものです、それなりの準備さえあれば。

では本題。

ぼくの周辺の恵まれた幸せな70代80代の人たちが、どんな老後ライフ（シニアライフ）を楽しんでいるか。いくつかの前提条件があります。その一つが、友だちの入れ替え。いわば人間関係の整理と再構築です。

「自然と、それは入れ替わるのでは？」

と軽く考えちゃダメ。

70歳を迎える60代後半から、人名簿や住所録の入れ替え作業を始めるようにすすめます。

理由は、古いつきあいの友人は、人間関係も古びて鮮度が落ち、老後向きには不適当です。まして年齢（とし）とともに利害関係が薄くなる。そう思いませんか？

ぼくの手元にある人名、住所録など、もう何十年も使ってる古ぼけた一冊ですが、挟み込みのメモも多いし、何度も書き足したり訂正したり、消したり新規記入したり、赤と黒の線がいりまじった、それこそ50年以上の自分史の足跡を記憶する骨董的な存在には違いありません。

いまも時たま参考にはしますが、正直いって縁がうすくなってほとんど交流がないから忘れてもいいのですが、死ぬまで多分、その名だけは現役（？）でしょう。

古い友人知人とはあまり連絡を取ることもないし、新しい親交も少ないから、早い話がいまは往来のない人たちが9割に近い、そういう人名が住所録を埋めてしまってます、もちろん死亡された方も多いですし。

人名の出入りが多いのはぼくだけじゃないと思います。部署が移動する、勤務先が変わる、転勤する、職種が新しくなる、海外へ赴任または移住する、独立する、退職するなど、いろいろな事情で人は変貌があたり前なんですね。

マメな友人は、

「おれなんか、新年ごとに人名録を訂正加筆だよ。面倒くさくてしょうがない」

とぼやきながらも、更新が愉しそうですが、ぼくはマメではないので基本はここ何十年そのままです。ほんとのところ、ぼくの人名住所録は時とともに色あせ役に立たなくなって、無用の長物化状態なんです、とくにこのスマホやネットの時代には。

まして議員時代の、同僚や先輩議員やマスコミ関係者などの連絡先は、相手の立場も激変してますから、もはや完全なる過去の遺物に近いです、今のぼくにとっては。

誰しもがこんな感じとは思いませんが、ここらで手元の人名簿や住所録の整理ないしは総入れ替えをやってみるのはどうでしょう。いわば、人間関係簿の虫干しですね。

ぼくは70代になってからふと気づいて、

「昔のつきあいはもう不用かな。一から出直しだ。古い知己は捨てよう」

と決心し、名刺の整理から始めたものの、手書きの人名住所録をお蔵にしてしまうのは勿体なくて、結局それはそのままにして、新しく交流の始まった人たちだけケータイの中におさめました。

「古い名簿は保存しておくだけ。その中の旧友たち旧知の人たちとはもう、会うこともないだろうな、あちらからも連絡はないだろうし」

そうです、つきあいのなくなった古い友人知人たちは名簿上だけの存在となり、老後の現在となっては、もう交流の途絶えた捨てたも同然の友人となってしまいました。なつかしい顔も名まえも、いつとはなしに忘却の彼方に消えていくのです。旧友をだいじにしたい気持ちはあるけど、現実がそれについてこないのです。

新しい人脈リストを見ると、ぼくの交友関係、人間関係は70歳をすぎてサマ変わりに狭くなり、大幅に変化しています。年齢を重ね仕事が変わり、今は無職になったのだから不思議ではないけれど、友人知人の新旧交代は誰にもごく自然な現象なんです。それが老後を生きるということではないでしょうか。

　そんな折、

「現役時代の残滓（ざんし）を老後に引きずってはいけない、それはむしろ邪魔なんだ」

　こんな言葉を、年長の学者から聞いたのです。その先生の持論は、

「老後は若き日の延長ではない。還暦、古希という節目を機に、つねに気分一新して新しい人生を歩むしかない、それが友人知人の入れ替えだよ」

　こうなると、古い友人とのつきあいは自然消滅を待つのではなく、意図的積極的な入れかえも必要だ、ってことになります。この意味からすれば、人名・住所録の虫干しは老後に向けて必須の準備のひとつなのかな、とぼくも思います。

　70歳を超えてぼくはやっとこの考えかたの重みを理解し、これまで利害中心だった仕事仲間たちとは離れ、新しく利害ぬきで話のあう必要な相手を見つけることが老後の安定と楽しみにつながるのだ、と思うことにしました。とはいえ、

「人間は利害だけのつながりではない。それは若い時も老後も同じだろう。男どうし

のつきあいってのは幼なじみも含め、死ぬまで何十年続くのが自然なんだ。人間関係の入れ替えなんて不必要じゃないか」

こう思う読者も多いでしょう、とくに地方出身者などは。ぼくのまわりにも、古い友人を大切にし、それは惰性という面なきにしも非ずですが、何十年の深いつきあいの中で老後を楽しんでる人たちがいくらもいます。

「男の友情は金じゃ買えない、命よりも大事」

と思いこんでる義侠(ぎきょう)の人もぼくは知ってますし、晩年になっても友情優先主義で、

「一生を通じての大親友を持てない奴は、かわいそうだ、不幸すぎるよ」

と断言する知人もいます。無理してるな、そんなの無駄だよと思いますが、男のつきあいを利害だけで論じる気などぼくだって毛頭ありません。

ぼく自身も、今は亡き立川談志さんとは晩年の親友だった、と自負しています。日に2回は長電話をかけあい、ぐちやボヤキを交換し、時には世相を語りあいました。当時ぼくたちは、東京MXテレビで『談志・陳平の言いたい放題』という週1の番組をやっていたので、その打ちあわせもあったのですが、

「陳さんはオレの医者だ。クスリよりも効く」

と談志さんが冗談っぽく話していた、と談志さんの亡きあとオカミさんから聞きました。ケンカもしましたが、晩年の親友を先に失ったことは今でもぼくの痛手です。そういえば、談志さんの住所や電話はぼくの名簿にはのっていませんね。親友のそれは暗記してるから、登録の必要がないのです。今でも文京区にある談志さんのお墓にお参りしますが、墓石には黒々と、「立川雲黒斉家元勝手居士」と彫られ異彩を放っています。

古い友人といえば、同窓会を思いだしますね。若いころはぼくも何度か顔を出しました。早大の、都立西高の、千葉の小学校の同窓会を有志が企画してくれたので、旧友と顔をあわせ、昔話で盛り上ったものです。

旧交を温めるうち、昔憎からず思った相手との再会が焼けぼっくいに火をつけ、危ない関係に発展した、なんて話もせいぜい30代までの隠れエピソード。年齢を重ねてきた中高年の同窓会には、そんなイキな例は少ないでしょう。

本音をいえば、老年の同窓会なんてのは自慢話か昔話ばかりで、どれも新しい興味や刺激をもたらしません。内容はくだらない、面白くないの一語。中にはセールス、勧誘をはじめる輩もいて、なんのための同窓会かわからなくなります。

それよりも、年寄りの同窓会で痛感する、耳にタコのよく聞くネタは、女性読者には怒られる危ないセリフですが、

「男も女もおたがいすっかり老いぼれちゃってさ、あんなにかわいかった小学生の女の子が、いつからこんな婆さんになったんだ、夢がこわれた。人生が空しい」

これは女性側からも指摘できることで、同窓会のよさは卒業したてのまだピチピチしていた時代に限ります。

老後に戻って、60代をすぎたら、古い友人たちとだらだらと惰性でつきあっても、もはやメリットはない、と割り切ってバッサリいきましょう。

「昔話はもう飽きた。新しい時代の空気や新情報が欲しい。仕事が欲しいわけじゃないから、老後を楽しくつきあってくれる新規の友をふやさないと、退屈でさびしくて老けこむだけだ」

そう思うと、利害関係がなく楽しさ優先でつきあってくれる人こそ、70代からは重要になってきます。相手の思惑なんぞに関係なく、無責任に会って遊んで別れる、年

齢に関係なくおたがいラクに時間をつぶして疲れない、そういうことが、長くつきあえる老後の友人ってことになりますね。

「年とってからの新しい知りあいなんて、信用できるのかな。古いつきあいのほうが心も許せるし、信頼もできると思うが」

そんな心配はありません。老後にできた友人知人とはおたがいに、問わず語らずのうちにある程度の距離感を置き、決して相手の中に深入りしませんから、重荷にはなりませんし、信頼関係を築くところまでいかなくても、イザって時には充分に役に立ってくれることもあります。いわば老人どうしの助けあい。老後の交友関係なんてこの程度が限界です。おたがい生存の残り時間が少ないのですから――。

4

年賀状はやめるが
礼状は書く

古い友人と無縁になると、年賀状も不要となります。まったく勝手な言い分と怒られそうですが、相手は律儀に年賀状を毎年くれる、それも変哲のない印刷だけの。

「もらっても、どうってことないな」

と思いつつ一枚一枚ていねいに見る人も多いでしょう。

ぼく自身は十数年、まったく年賀状出してません。

「あれは虚礼だな。廃止したほうがいい」

という極論も一部にありますが、ぼくの場合はそんな積極的な理由ではなく、70歳に近くなる頃から、年賀状の用意が面倒になってきたのです。

12月中旬に書いて元日配達をめざす、という制約（？）が、気分的にきつくなったため、自分中心の手抜き、サボリ、こんな単純な動機から、中止の決断に至りました。

「バカバカしい。12月のなかばで忙しいのに、もう正月気分で今年の抱負や予定なんか、報告して何のイミがあるんだ。週刊誌やテレビの収録じゃあるまいし、年末におめでとうというほうが、よっぽど、めでたい」

なんて気分だったかな、ちょっと後めたい思いもありましたが、年賀状の用意をやめて12月中旬が楽になったのはたしかです。

とはいえ、今でも毎年数十枚ぐらいは頂きますから、初めは旧正月にわざと返礼したり、電話で挨拶交わしたりしていたのですが、それも面倒で今はやめてしまい、親しい人には失礼のしっぱなし状態です。

「どうせ正月に会う予定なのに、今さら年賀状なんて出さないよ」、という合理的な人もいますが、毎年ていねいに律儀に賀状くれる人も多く、儀礼だからありがたく元日に拝見してます。会社や団体組織からの、印刷しただけの年賀状はちらっと目を通すだけで終るし、事務連絡と思うが、何十年も会ってない人が義理がたく宛名まで印刷シールでくれる賀状も、それなりに世間とのつながりを意識して、

「この会社まだやってるんだ。おれも長く生きたみたいだな」

と思ったりします。

まったく自分勝手なおのれを笑いますが、中には楽しめる年賀状もないわけでなく、家族揃っての写真とか、ペットの近影（？）とか、パソコン使用の凝った構図もあり、苦笑しながら見てます。また、主文は印刷だけど、片隅に手書きのメモがそえられているのも気がきいていて、年に一度の情報連絡の役目を果しているな、と思ったりもします。

「冗談じゃねえ。一家揃って晴れ着の幸福な写真見せられて、なにがめでたいんだ⁉」

なんて辛口も聞くけど、ご本人たちの価値観だから怒っちゃいけませんね。

中には一枚一枚、時間をかけアイディアを絞った手づくりの一級品もあって、ぼくとしては自分はさぼってるくせに、元日や二日の昼間は、新年らしい気分を味わわせてもらい、とにかく年が明けたな、という清新な気持ちにさせてもらうのは事実です。正直いって、生きていてよかったのかな、という思いもなくはありません。

そうは言いながらも、年賀状ほんらいの意味は、年を重ね年齢を重ねるごとに薄れてますね。枚数はへるし、年中行事だけの形式的慣習になった年賀ハガキよりも、メールのほうが楽しくて返信もしやすい。こんなところが現実です、しょせん怠け者の言いわけですけど。

余談になりますが、某週刊誌が二十数年も前、年賀状虚礼廃止論を記事化しましたが、反論はどうってことなく空振りでした。世界でもクリスマスカードなどハッピーな慣習が定着していて、年賀状が一部では虚礼といわれながらも、この先も減少はしても、姿を消すなんてことは考えられません。永遠にこの習慣は続きますね。

「たかが一枚の年賀状で人間のつながりが深まるわけじゃない。くれるなら、お中元

や お歳暮のほうがありがたい。金かけたほうが縁がつながる」
こんなバカ正直で勝手なコメントも、その記事の中にありましたが、これも本音すぎて笑えますね。

ついでに言いますと、年賀状はちゃんと出すのに、感謝の手紙を書かない人が意外と多いのは、ぼくだけの偏見でしょうか。

何か頂いたり、何かで世話になったら即日、拝受や感謝の返礼を電話か手紙でする、これがあたり前の礼儀かなと思いますけど、お礼の反応ゼロで平気な人が少なくないし、会っても忘れたのか、それを口にしない。ＦＡＸやメールの返事でもいいけど、年配の人たちには直筆の礼状が一番しっくりきて嬉しい、と思います。

あの立川談志さん、毒舌で鳴らした天才落語家は職業柄、ファンなどからの贈りものが多かった。その度にカレはすぐ礼状を返す。相手が喜ぶのはあたり前です、まさか礼状くるとは思いませんから。

しかしさらに驚くのは、礼状のハガキが旭川のホテルのハガキであったり、沖縄のホテルの用箋（ようせん）であったり、とんでもない地方発信のものだけに、

「いま談志さんはここに仕事できてるのか」なんてヘンに感謝して、その礼状をお宝のように秘蔵するのですが、なに、談志さんは行く先々のそういうサービス品（歯ブラシや化粧品、せっけんまで）を泊る度に持ち帰り、ことあるごとにそれを手近に置いて活用してたってわけなんです、古い話になりますけどね。

「おれは年賀状出さないけど、礼状は出す」

これが談志流でした。年賀状は形式だけのセレモニー、礼状は誠意の表現と、恐らく考えていたのでしょう。

ここで思いだすのが転居通知。引っ越しや移転の通知はごく普通ですが、おきまりの笑う一文がハンでおしたように添付されている、あれは滑稽の一語につきますね。

「なお、お近くへお越しの節は、是非お立寄り下さい」

おいおい、これをマトモに受けて立ち寄ったらどうなるんですか。転居先を突然訪問する、なんて失礼をやる人はめったにいないでしょうが、立寄るヒマ人は絶対いないと確信（？）した上での、あの名文句使用は、慣例（？）とはいえ、微苦笑しかないですね。

5

男なら誰も70までは現役でいたい

老いのいましめ 5

- 人生で避けて通れぬもの、それは死と税金のふたつ。そして、もうひとつが、若さへの嫉妬と羨望であるサラリーマンが定年60歳といわれたのはもう昔の話で、今はそれ以前に転職、退職する人も少なくないし、65歳ぐらいまで減俸承知で同じ会社に働き続ける人もいて、いわゆる定年後をめぐって個人の選択がかなり多岐になってきています。

「男は70までは仕事したい」

というある調査によれば、実態は65歳ぐらいまでは若い人に負けず働けるというのが普通らしく、そのあとがいよいよ老後近しということになります。

「65の引退は早すぎる。オレは体力があるから新しい仕事を見つけるぞ」

意気込んで、シルバー人材センターとやらに登録し、職業訓練を受けて植木職人に転進した人がいます。

植木職を八年やって、体がきつい、と引退しました、73歳でした。

年とってからも仕事は、けっこうあります。マンション管理人、警備員、道路工事整理人、その他いろいろ、どれも楽な仕事ではなく、プロの技術と体力を必要とし、サラリーマンOBが安易にこなせる仕事ではないような気がします。

団塊世代の人たちも、

「力仕事はムリかな。営業とかデスクワークならできる」

と希望しますが、このIT時代に若い者に勝つのは容易ではありません。特殊な技術を持つ技能系の人たちは現役時代からすでに引き抜かれ、新しい職場に雇われて活躍してますが、そうでないと、定年後はどうしても補助要員的な役割の方が多くなり、満足のいく再就職なんてめったにないと、聞いてます。

大手マンションの管理人を、定年後15年やった北村さんは、

「もう疲れた。あとは年金で細々と暮らす」

と毎日、家でテレビばかり見てます。かれの住むマンションはエレベーターがないので、階段の上り下りがきつく、面倒くさいのでつい外に出ないで引きこもり状態なんですね。

奥さんは元気はつらつ。早朝からテニスやってお出かけも多く、これはこれで典型的な安定した都会の老夫婦のくらしですから、近所で羨望の的だとか。

変わったところで、犬の散歩を5軒から頼まれ、一時間で一匹の散歩を終わらせる半日の犬散歩バイトをこなしている、犬好きの老人もいます。

「わたしも80近いから、犬に散歩させてもらって自分の健康のためにもなる」

と一石二鳥の仕事に満足してます。

サラリーマンOBの定年後の進退にしぼりますと、やはりみなさん現役中からあれこれ退職後のことを考えていますね。

ぼくの知る範囲では半数の人がもとの会社や子会社にのこって無難に雑用（？）を続けるか、傍系会社へいきます。もちろん、積極的に転進をめざす例も少なくありません。

「わたしはこれまでの人生経験を生かして、人の悩みや相談に乗りたいが」

そう考える人も少なくなくて、政策的にもそういう人材育成を検討していますから、定年後の仕事としてこれから、このあたりに興味もつ人たちがふえると思います。

一般に、キャリアコンサルタント（国家資格）と称していますが、いわゆる職場の問題相談などを一括して、今後数年でそういう需要がさらに高まっていきそうで応募者激増ですが、全国にいくつかあるＮＰＯ法人がこの仕事に携わったりして盛況のようです。

例をあげれば、「日本キャリア開発協会」というのがあるそうで、ここはあらかじめ、ウェルカムトレーニングという講習を受け、それが一定のレベルに達するとＣＤＡ資格認定試験（筆記、面接）というのを受ける。資格がとれたらいづれ、プロで独立するか企業内で活動するか、さまざまな道が開けるという話だと聞いてます。

年数回の資格認定試験にはけっこうな人数が集まります。それまでの費用も概算で数十万円と、けっこうかかるし、コンサルタントになってもそれだけで食えるかどうか定かではありませんが、職場内であれば、

「自分のキャリアアップに必要だ」

と、かなり年配の男性が参加しているとか。

昔は街のおじさんやおばさんが近所の相談に乗ってくれましたが、今はそういう存在が激減して、キャリアコンサルタント、または職場コンサルタントのような新職種（？）ができてきたものと思われます。もっともどの業界にもカウンセラーやコンサルタントという専門家（？）がハバきかしてる時代ですが、

「そりゃ力仕事より知的な仕事のほうが、サラリーマンの定年後には向いているな」

と誰もが考えるでしょうが、人生相談というのは意外と難しく、話し上手である前に聞き上手でなくてはならず、回答を出すのでなく、自分で解決を見出すためのヒントを与えるのが、これからの心理カウンセラーの仕事だと聞きますから、これも安易に資格がとれて収入につながるってものでもありません。

知的といえば、大学やマスコミの仕事もないわけではありません。

元小学館の大沢昇君は中国語辞典の編集を長く手がけてきたベテランですが、在社中の人脈が役立って、定年後に大学の講師の口がいくつかかかりました。中国に詳しい、という一種のウリがものを言ったと思われますが、獨協大学は講師、大正大学では客員教授、慶応などで非常勤の講師をつとめることになりました。

講師料なんてのはバカ安で、90分授業を月４回やって月額３万円程度の薄給ですが、どこの大学でもこれが常識です。

これじゃ、非常勤講師だけで食うってわけにはいきません。

大沢君は企業年金を生活費の中心に充て、自分の時間は編集者時代の経験と知識を本にまとめるなどして、かなり忙しい日々を送っています。本人も楽しそうに、

「サラリーマン時代より充実して忙しい。充分、満足の老後です、今のところは」

まだ60代だから、老後とはいえません。70歳の声をきくと講師の仕事もなくなるから、ここからがいよいよ老後の始まりです。

「定年後はいくらこっちに意欲があっても、再就職は年齢制限とか向き不向きとか、それなりに条件がうるさくて、帯に短し、タスキに長しだね。六十何歳かまでは会社

に再雇用されて、それが終わったらもう悠々自適の浪人でいくしかないよ。無理して慣れぬ仕事やっても、面白くないし」

ここらが東京で勤務したサラリーマンOBの平均的な実感かもしれませんが、定年後の新しい仕事も運とコネ次第で、もう若くはないのだから老後生活は多くを望めない、ここらが実情です。

そこでぼくは一時期、誰彼となく冗談半分に、

「地方議員に立候補ってのはどうだい？　立候補者が定員より数人多いって地域なら、当選可能だ。土地勘があればそういう土地から出たら、何とか引っかかるかも」

とすすめたものです。

不謹慎なすすめ（?）ですから誰も本気に考えてくれませんでしたが、定年後の団塊世代の仕事として、区議、市議、町議なんていう地方議員の道は、大いにあり得ると思いますね。

選挙には金もいくらか必要だし、地域に密着した人脈と地元貢献の実績を作るのに時間がかかるし、何よりも歩いて歩いて票を固めなければならないし、会社勤めしか

してないサラリーマンには過酷と思われる選挙運動を強いられるためか、こんな無謀な挑戦に乗る人は、ぼくの周辺では流石に今のところ出てきません。

しかし現実には、政策活動費問題などで地方議員不信のご時世ですが、マジメにやれば当選可能だ。60すぎてから地方議員に立候補し当選した人は、全国にたくさん存在します。地域の事情によるところ大なんでしょうが、世のため人のために尽くすとはいいながら、マジメなら誰でもできる仕事だ、という割り切りがあれば、団塊世代の退職後の新しい職業として悪くないと思うのです。実さいの反応として、

「よせよ。70近くなって、夏も冬も選挙運動で頭を下げまくるおのれの姿、想像できん。ましてや無名のおれだよ。笑い者になるだけだ。選挙に出るくらいなら何でもやれる」

と大まじめに反論した友人もいますし、本人は乗り気だったのに、奥さんからきつーい一言でショボン、という例も。

「なにをあなた、バカな夢を見てるの。しっかりしなさい、お庭の草でも刈ったら!」

これじゃ半歩前進もできません。最近はぼくも、60半ば過ぎてからの地方議員選挙なんてのはクレージィーだ、ほかに仕事がある、と反省してますが、実はぼく自身も

最後の国政選挙が50代の後半で、60代に入ってからは選挙やってません。体力的にきつい、これが引退理由のひとつでした。

なにしろぼくの参議院選挙は応援弁士も政党の応援もなく、ぼくひとりがバイトの運動員とともに東京中を歩きまわるドブ板選挙でしたから、60歳を超えてしまうと、体力に自信がなくなり消極的になってしまったものです。

「政治家がそんな弱気じゃダメですよ。倒れるまで選挙演説続けるべきです」

とハッパかけてくれる先輩もいたのですが、当時のぼくは気力も能力も衰えて、60代の前半で議員引退をきめてしまいました。これじゃ、定年退職後の人に、地方議員立候補をすすめても説得力ありませんね。

「そうそう、そんなところがオチだよ。退職後はそれまでの仕事の延長なら何とかなるが、まるで新しい仕事はじめるのは、いささか冒険すぎる」

ここらがまあ、平凡ですけど、団塊世代の働きかたの通常の姿でしょう。サラリーマンOBならそれもむしろ当然といえます。そうでない商売や事業などをやってきた方は60代でも、平然と新しい仕事に挑戦しています。

ぼくの周辺でそういう実例はいくつもあって、

「サラリーマンは会社勤めに体が慣れきって、体質と人生観が甘いのかな。事業や商売やってる連中は60代なんてまだ若造だ、仕事はこれからだ。これから二つも三つも新事業に挑戦するんだ、なんて張り切ってる奴もいる。鍛えかたが違うのかな」

そう思わせる例が世間にはたくさんありますが、それらは別のビジネス本を参考にしてもらい、ここでぼくの周辺の〝60代からの挑戦〟の実例を重ねて、ひとつごひろうしましょう。

読者よ、あなたはお坊さんになろうとは思いませんか。お寺の子弟ならお寺を継ぐのがあたり前で、それなりの修行を積んで自坊（自分のお寺）の住職となりますが、お寺とは全く関係のない分野で仕事してきた人が定年後に、突如、畑ちがいのお坊さんを目ざす、これって想像できますか。

並河さんは警察官を退き定年後に、思う所あってお坊さんになりました。シロウトがお坊さんになるには、宗派によって違うとはいえ、けっこうきつい修行の日が必要です。若い時ならともかく、老後はハンパなものではありません。

「警察官時代の訓練に比べれば、まあ何とか耐えられますよ。現役時代はナマぐさい日ばかりでしたが、仏と向きあう日々は清々しくて修行がちっとも苦になりませんでした。わたし以外にも、商社から転じてきた方もいらっしゃいましたよ」

と並河さんは述懐します。残念ながら並河さんは、自分のお寺がないのですぐには住職になれません。大きなお寺に所属する〝僧侶〟という形のお手伝い要員みたいな立場ですが、レッキとしたお坊さんの名刺を持ち歩いています。

いまはどの宗派も、一部の有名寺をのぞき、お寺の経営は苦しいので、住職のいない無人寺が増加し、留守を預かるお坊さんをさがしているのが実情と聞きますが、こういうお坊さんの給料は安くてとても生活していけないとか。

並河さんも家族は、ご主人の年金と奥さんの働きで暮らし、ご本人は僧侶として食べていくのがやっと、という状態らしいのですが、一念発起して僧侶になった以上、それなりの生き甲斐をもって老後を過ごしているように思います。これも一種の、60代後半からの挑戦といえるでしょう。

「だいじなのは、生きがいだよ。60すぎても生きがいを求めなくちゃ、人間は」

結論はここらなんでしょうねえ、やっぱり。

6

若い人たちとうまくつきあう方法

老いのいましめ 6

- 利口ぶるな、オバカに徹せよ
- いばらない、自慢しない、偉ぶらない

この項目は、一般論なので役に立たない、つまらない文章になるかもしれませんが、男性がいずれ年齢(とし)をとり現職を引いて何か別の仕事につくと、

「今度の上司がオレの年下で、それも女なんだ」

なんてのもあるでしょうし、

「元の部下の下で働くことになった。やりにくいぜ。元部下に敬語使うのは」

こんな場合もあって、団塊の人が老境に入るとむしろ、同年代より年齢が下の人と日々、交流することになります。そんな時、もしヒントになれば、という感じでぼくの体験談の一端を。

若い、といってもぼくが後期高齢者ですから、20代30代の人たちとの交流交際は年齢差がありすぎて男女とも無理。60代70代の人たちでも、ぼくから見れば、

「若くていいなぁ」

となってしまうので、ぼくのつきあう若い人というのは、年齢的には40歳前後から60・70代の中高年が対象となります。

例外的に、中学・高校生。これは東京の海城学園の古典芸能部に属する生徒さんた

ちで、個人的なつきあいではなくグループとしてですから、交流がある、という程度です。かつて新宿にあった赤い風車がまわる劇場ムーランルージュの調査研究を通して、5、6年前の夏に知りあい、たまに食事をする機会もありましたが、たいていはかれらの落語発表会や学園祭に出かけて行って、雑談するつきあいです。

ぼくが関係する若手落語会にも招き、楽屋で歓談することも何度かあり、かれら中高校生の話が抜群に興味深く、自分の意識では年下の友人仲間というところ。

かれらは古典芸能部の会報誌を送ってくれたり、活動の写真アルバムや海外旅行みやげをくれたり、卒業記念の色紙をぼくあてに寄せ書きしてくれたり、かなり親交を深めていました、大学に進学するまでは。

残念ながら顧問の川崎真澄先生を介しての親交ですから、個人の友だちとはいえませんが、中高校生が進学して大学生、それも東大、一ツ橋大、早稲田大ほか。ここまで年下の若い人たちと接するのは一種の快感であり、自分のその頃を思いださせてくれる貴重な存在なので、まだこの先も縁が切れないことを願ってます。

口の悪い旧友はズバリ言いました。

「陳平、お前好々爺(こうこうや)を気取って素(ス)の自分でないところで、若い連中をたらし込んでるんだな」

まるで偽善だと言わんばかり。でも実さいはそれに近いかも。今でこそ、年下の人たちと親しく対等につきあわせてもらってますが、40代50代の血気さかんで現役バリバリのころのぼくは、まるで正反対のつきあいかたをしていたのです、若い連中と。

もう20年も30年以上も前ですよね。当時のぼくは人気もあったし番組も好調でしたからナマイキで威張ってました。うちの秘書さんや後輩タレント、若手アナに対して完全な上目線で、批判し、けなし、ケチをつけ、怒り、教えて、自己流を押しつけていました。相手は無抵抗でぼくの話を受けいれ、それなりに内容はよくなり本人のためになったと今でも思うのですが、

「あのころのおれは上目線すぎたかな。指導育成のつもりが、若手への嫉妬で私的感情むき出し、自己中心で若者に接していた。誰も文句いわなかったが、さぞかし自尊心は傷ついて、感謝より怨みをおれに抱いたろうな」

議員をやめ60代後半になるあたりから、ぼくの考えは変わってきました。大正大学で学生たちとナマでふれあうようになったから、これも一因でしょうが、ぼくは反省したのです。

「自分だけいい気持ちになりすぎて、相手の立場まで考えてない、一方通行だった」
いわゆる上に立つ者のいやみ、とでも言いましょうか。若い人とつきあうにはもう上下関係では駄目な時代なんですね。ぼくが面倒みた、と自負できる人たちのうち、いま第一線で活躍中の何人かはいまだに会ってくれますが、同じく成功組でも、「陳平のおかげじゃない。おれの努力と才能だよ。陳平にお説教食ってたころはイヤだった」

とあけすけには文句いってませんが、世に出てからはぼくを離れ、見捨てて去ったのも何人かいるのでは？　と思ってます。

実名は多すぎて列挙すらしにくいのですが、ぼくは70代になって大いに反省し勉強しました。いわば、ざんげ（？）です。

「おれ流はもう通用しない、自分を変えなきゃ老後は生きていけない」

ぼくは、無意識に上目線となる接しかたをやめ、腰は低めに対等に、言葉づかいも自然に友だち口調に変え、どうやら70代においては、それまでとは違う、いばらない、偉ぶらないつきあい方に意識的に変えていく努力をしたつもりです。

聞こえてくる、老いたる陳平像ってのは、

「変わったな」「腰低くなったね」「いい爺さんだね、偉そうな口きかないし」「われわれ若い者の言うこともよく聞くし、顔も立ててくれるし」

　わりといい評判です。しかし極めつけは、

「なにより、何でもおごってくれるじゃないか、おみやげまで持たせてくれる」

　ぼくは70代になってから、若い人にモテたい一心で、お金も少し使い、じょじょにつきあいかたを変え、いじられてナンボ、という考えのもと、まわりに若い人が集まってくれるように意識改革したのです、偉そうな言いかたで自慢たらしいですが。

　ぼくは子どもがいないから、こうして若い人に支えてもらわないと、この先が心配で不安で、残り少ない生存期間の孤独がこわいのかもしれません。旧知の親友に、ある日ぼくは、

「強いていえば、70になってやっと、若い人とつきあうコツみたいなものがわかってきた。このコツを守れば、若い人に捨てられないと思う」

　とホンネを打ち明けたところ、その人物は老齢でもまだ第一線で活躍してる方なので、愉快そうに笑い、

「それが老いの悟り、ってやつかい」

「とんでもない、悟りの境地なんて不可能ですよ。自衛本能がくれた、年寄り処世術です」

とぼくは答えました。そうです、その年寄り処世術の一端を紹介してみます。

最近一番往来があるのは30代40代の落語家さんたちで、わが家へも顔をだし、月に数回は雑談ランチをともにする相手として、前にも紹介した立川晴の輔、立川志らら、らく次、こはるなどがいますが、かれらとは若者ネタで楽しませてもらう間柄。ぼくから人生論やアドバイスなどすることはほとんどなくて、同年代の友人のつもりで専ら聞き手に徹しています。

「お前たちはハゲタカだ。食うだけでなく、わが家のモノを何でも持っていく」

とぼくは吹聴しますが、なに不用品を整理してもらうだけ。ハゲタカたちが訪れなくなったら、どんなにさびしい余生であるか、言うまでもありません。かれらもぼくをだいじにしてくれるし、ぼくもかれらを軽くは扱わない、そういう感覚で親交を深めています。

「あいつらが高座で、陳さんのボケぶりをネタにして大受けしてるぞ。放っといていいのか」

と教えてくれる人もいますが、なにネタにされ、いじり倒されてるうちが花ですから、直接かれらには、

「観客に受けなくなったら、自主的にやめろよ、陳平の名が忘れられた証拠だから」

ぼくは正直、なかば無関心です。

落語つながりでいえば、立川志の輔や立川談春、立川志らく、立川談笑、立川生志といった立川流の大師匠たちとも交流がありますが、すべては亡き立川談志さんの威光のもと、談志師匠あればこそ、ぼくがこういう人気落語家と気軽に話ができるのだ、談志さんに感謝、と思ってます。かれらはもう50代ですが、落語界の中心的存在、いわば重鎮ですから、若い人扱いは失礼になるというものの、ぼくから見れば、親子ほどの年齢差ですから、かれらの活躍ぶりはうらやましい、の一語です。

劇団SETの三宅裕司、小倉久寛のお二人はもう60歳に近い、あるいはそれを越えたか、という年頃だと思いますが、劇団の公演を見たあと楽屋訪問で昔語り、そんな感じのつきあいになってます。

「この劇団が創立当初の、まだお客が集まらなかった時代からのファン第一号は、このオレだ。当時かれらはまだ40歳前後だった」

というのがぼくの自慢です。若き日の三宅、小倉の両君とも食事しながら、芝居の話をしたことを今も記憶しています。

「若い人たちと話ができなくなったら、もうおしまいだ。完全に老人扱いで距離おかれる。若い人が遊びにこなくなったら、それも終結サイン。オレはもう死ぬ。それまでは若い連中と対等に話がしたい。同情やあわれみを持たれたくない」

とぼくが虚勢をはってでも若い人と交流できている理由を、何となく考えたことがありますが、自分への注意事項として次のような結論にたどりつきました。

一、聞き役に徹すること。老人は話し上手である必要はなく、相手から情報や若さを目いっぱい吸収しなくては損である。

一、知ったかぶり厳禁。ぼくの生きてきた昭和と平成の現在（いま）はサマ変わりの時代だから、知ったかぶりは恥をかくだけ。知ってることでも知らんぷりで相手を立て、相手の新しいネタを引きだす。これが自分のためになる。

一、話の腰を折るな。年長者は、若い人たちの話に何かと口を挟みたくなるが、こっちから口出しは禁物。聞かれたら話す、教える、こうしないと敬遠されて、つきあってもらえなくなる。

一、昔の自慢はするな。これは、別の項とくり返しになるが、若い人たちとつきあう時の大原則でしょうね。自慢してるこちらはいい気持ちになるが、相手はお義理で聞き、ヨイショしながら、「またかよ」と心の中でせせら笑っているに違いない。とくに上りつめた上司たちが、同じような自慢話をいつでもどこでもくり返す愚はやめよう。若い社員たちには、完全なるボケと映る。

どうでしょう。この四項目をいつも心がけて年下の人に接しないと、すぐに捨てられてしまいます。これは高齢者が若い連中に媚びへつらうのとは根本的に違い、実は老若の人間関係を円滑有効にする基本の交際術だと思うんです。

「50代ぐらいから自分も、こうであればよかったのにな」

とこの年齢になってぼくは後悔しています、反省も後悔ももう遅いですけど。

　そう、忘れてました。ぼくのもう一つの貴重な情報源は、マスコミ関係の、編集者やテレビ局の人たちですね。数が多くていちいち名はあげられませんが、かつてぼくの担当だった編集者や番組ディレクターであった人たちと、今でも年に何回か、あるいは月に何回か雑談ランチしてますが、その席では専ら、マスコミから見た現代ニホン事情ウラ話を聞きかじり、わからない事があれば何でも質問し解説を聞きます。「ボケ寸前のじいさんが、年下の現役人に何でも質問して、それを恥と思わない。これも自分の勉強だから」

　とアバウトに割りきるのもいいと思います。

　さらにぼく流にいわせてもらえば、いわゆる年寄りの体験や知識、情報、そして教養、教訓なんてのは、いまの時代に向きません。ズレていて若い人たちには通用しない、そう開き直って老後を過ごすほうが気楽です。時代に遅れないよう頑張る、などと気ばらずに、

「時代の最後列にノコノコついていこう」

　この程度で、ぼくは若い人たちとの交流交際、つまりおつきあいを大事にしている、ってことですね、キザったらしいですけど。

政治家、文化人、スポーツ関係、その他有名人とのおつきあいは、この項目では省略しました。

ここからは蛇足です。若い女性たちとのおつきあい、これは望むものの、もう絶対に無理ですが、といって40代以上の美熟女女性も苦手でして、ひとつだけ心すべきは、老人ストーカーにならないように自重する、これです。

最近は女性の看護師さんとか、福祉関係のみなさん、やさしい言葉かけてくれて昔とはサマ変わりの親切な接し方してくれますよね、病院でも施設でも。これをカンちがいして、

「ひょっとしてオレまだ、モテるのか。このヒト、おれに好意持ってるんじゃないか」

こんな思いこみでストーカーまがいの真似してしまう老人がふえた、といつかテレビでやってましたが、ぼくもそんな衝動があり、また身近にもそんな実例があり、これは他人ごとではない、と自省するところがあったのです、恥ずかしながら。

だからぼくは、女性とはなるべく親しくしないよう最近とくに心がけています、ウソみたいですけど。

ほんとは、80歳すぎたじいさんのそばには、女性は誰も寄ってきませんけどね。

7

永井荷風のうらやましき老後

老いのいましめ 7

・金で幸福の半分以上が買える。残りは、こころ(または思い、愛など)で買うその人の老後生活（シニアライフ）にぼくがあこがれる人物の一人、それが永井荷風です。

最近すっかり耳なじんだフレーズに、

「老後はキョウイクとキョウヨウ」

これがあります。教育と教養ではなく、今日行くところと、今日の用事という意味で、かなり前に言い古されたピンピンコロリと同様、老人クラブの座談会や講演会などでは定番のウケるフレーズです。

ぼくもできれば、この通りの老後を目標に暮らしているつもりですが、老後のキョウイクとキョウヨウの実践家（？）としてぼくが連想するのは、冒頭に出した昭和の文豪永井荷風翁をおいて他に見あたりません。

明治大正昭和三代を通じて流行作家だったといってもいい異色異才の荷風翁は、若い読者にはなじみがないでしょうが、ぼくにとっては変わり者の偉大な偏屈じいさんというイメージが強くて、身内のおじさんといいたいくらいの人物です。

荷風の老後、とくに70代で学ぶべきは、まさにこれ。

「かれは毎日行くところがきまっていた。それが浅草。そして夜の用事は浅草の女優や踊り子たちとめしを食うこと。このキョウイクとキョウヨウに、荷風は徹していた」

それが、文化勲章をもらった永井荷風の『断腸亭日乗』戦後日記の部分に、ちゃんと明記されています。

昭和23年あたりから日夜、浅草へ出没しはじめ、戦前もむろん浅草通いの荷風ではあったが、戦後また再開して、24年以後の70代は連日連夜、浅草で過ごすことになります。荷風は戦前から浅草が好きだったが、その縁が深くなり、余生を浅草にどっぷり浸るに至ること10年。昭和34年81歳で亡くなる一年前まで、ほぼ毎日のように浅草に出没していました。

『断腸亭日乗』によりますと、当時住んでいた千葉県の市川から電車やバスなどを利用し、浅草でまずお昼を食べ、それから浅草六区の劇場の楽屋で踊り子たちに囲まれて時間をつぶす。終演後は彼女らを伴って近所へゴハンを食べに行く、だいたいこんな感じが日記に綴られていますから、ご承知の読者も多いかと。

当時ぼくは都立西高の生徒でした。なぜか浅草六区の軽演劇やレビュウが好きで、早稲田へ入学してからも浅草好きはとまらず、一目でいいから、荷風老の雄姿（？）を拝みたいものだ、と念願してました。なにしろマスコミが伝える荷風は、買物かごに洋傘持った、しょぼくれ老人そのものでしたから、浅草を彷徨（ほうこう）していれば、いつかは荷風にぶつかると思いこんでいたのです。若き日のバカげたロマンですねえ。

「どこさがしても会えなかった、ついに一度も」

口惜しまぎれに独語したぼくも、70代の何年かを、荷風のように過ごしたかった、と今は勝手な幻想を抱いています。

余談ですが、荷風の浅草通いは一部の雑誌などでは有名で、追っかけやカメラマンたちが何人も追跡してたようですが、マスコミ嫌いの荷風はいつもかれらの前から姿を隠し、もっぱら踊り子たちの楽屋にひそんで、ニンマリしてたようです、荷風を知る某女優のウラ話によれば。

これだけじゃ特徴ある老後とはいえず、変り者の好色じいさんが浅草六区の劇場でヒマつぶししてただけの話に終わってしまいそうですが、実はこれから、ぼくが荷風じいに心酔する老後ネタが展開するのです。

昭和24年1月、荷風の旧作である『踊子』という小説が浅草のロック座で脚色上演され、そこに顔を出したのが戦後における荷風浅草通いのキッカケとなりました。

ロック座だけでなく、荷風は常磐座にも大都劇場の楽屋にも顔を出してます。これらの劇場は今や六区に建物もなく、その片りんすらもうかがえませんが、昭和20年代から30年代にかけては浅草六区の興行街は戦前と同じく大にぎわい。若いころのぼくもその雑踏の中をほっつき歩いて、愚かな青春を生きていました。

「浅草の興行町も新聞記者の面談を求むるもの多くなりたれば十年前の如き面白味はなくなりたり。むしろ行かざるに若(し)かず」

と、昭和24年2月10日の『断腸亭日乗』には記されていますが、そうはいいながら3月下旬には大都劇場で、自らが脚本を書いた『停電の夜の出来事』の上演を果たしているのです。3月25日の日記はすごい。

「快晴。春風初て駘蕩(たいとう)。蚤起(そうき)朝餉(あさげ)の粥(かゆ)を啜(すす)り家の戸締をなし急ぎて十一時過大都劇場に至れば小川氏既にあり。『停電の夜』初日。幸にして大入満員の好況なり」

正直いえば、この『停電の夜の出来事』は何ともつまらない半エロ芝居でして、高校生のぼくはガキだから興奮状態で荷風の名に釣られて観劇しました。

71歳の荷風じい、「色欲とみに衰えたり」といえども、女優たちに上演記念の俳句を短冊に書いて渡すなど、彼女らとの交流を楽しみながら、次は六月、同じく大都劇場に新作を提供。これが『春情鳩の町』という通俗芝居です。

いづれも永井荷風作というので話題となり、脚本そのものが大衆雑誌に掲載されたので、ぼくもそれを読み、色っぽいシーン見たさにせっせと足を運びましたが、なんたる不運ぞ。ぼくは初日の舞台を見れなかったので大チョンボ、荷風じいをナマで、まのあたりに見る絶好の機会を失ってしまったのです。

『断腸亭日乗』の24年6月初旬の日記を、どうぞ読まれたし。

「晴。『鳩の町』初日。午前十時弁当を携へて大都劇場に至る。寺島町カフェー組合より男女優に贈りし幟（のぼり）七流ほど立てられたり」

さあ、このあとだ、なんと荷風センセイ、初日の舞台に通行人として突如ノコノコと出演したのです。ご本人の日記によれば、前に続けて、

「『鳩の町』第二場のところへ余通行人に扮し女優純子と共に出でて景気を添えたり。三十年前有楽座にて清元（きよもと）一枝会開催の時床に上り『落人（おちうど）』を語りしむかしを思出でて覚えず失笑す」

どうです、道楽で舞台にのこのこ出た70代の荷風じい、景気を添えたのかどうか、残念ながらぼくは見ていません。

こういう茶目っ気というか、シャレた道楽というか、それが荷風にあったことも楽

屋に居坐れた理由のひとつでしょう。日記はさらにダメ押しで、

「今宵も終演後女優らと福島（注・喫茶店）に一茶して、小川氏と共にかへる」

このあたりから荷風の浅草通いが常態化していくのですが、残念なるかな、ぼくは荷風の芝居にはあまり魅力を感じることなく、シミキンの喜劇や新宿ムーランルージュの軽演劇のほうにはまっていました。

昭和25年の5月には、ロック座で荷風作『渡り鳥いつかへる』という新作も見ましたが、これもたいした内容ではなくて、

「浅草向きの風俗劇の脚本だから、荷風は手を抜いてるな。芝居より本人の動向のほうが奇矯ではるかに面白い」

こんな程度にしか思っていませんでした。今にして思えば、70代の荷風じいの生きかたをもっと調べ、ぼくも真似できるレベルまで追いかけておけばよかったのに、と悔まれます。荷風のような老後こそ、ぼくがお手本にしたいと高望みしながら、その足元にも及ばない60代70代と過ぎ、今になって改めて、荷風の『断腸亭日乗』に目を通しながら、ぼくなりの老後を楽しんでいるところです。

荷風のキョウイクとキョウヨウをくり返しここでまとめれば、70代は連日、浅草へ

通う。女優や踊り子たちの楽屋で日がな一日いりびたる。終演後は彼女らとめしを食い、汁粉を食い、お茶のんで雑談して、市川まで帰る。その日々を『断腸亭日乗』に記録したのは、まさにこれが永井荷風晩年の、「今日行くところと今日の用事」だったからでしょう。

荷風じいの頻繁なる浅草通いは昭和26年27年と続きますが、数年前ほどの熱狂的浅草ネタも少し減り、女優や踊り子たちとの終演後会食の記述もほとんど無くなって、昭和26年73歳の日乗では、4月に浅草で、「踊り子らと飯田屋に飲んでかへる」というぐらいしか目につきません。日常的になりすぎて、記述するほどの出来事ではなくなっていたのかも。

あるいはまた荷風74歳、浅草には足繁く通っているのですが、浅草六区がストリップや女剣戟(おんなけんげき)に押され、荷風好みのレビュウや風俗劇の勢いが衰えてきたせいかもしれません。

といって興味ある部分もないわけではなく、

「(27年)四月十日。晴。夜浅草。アリゾナに飰す。ロック座踊り子らと再び某亭二階に秘戯映画を看(み)る」

さらに荷風らしいのは、昭和27年文化勲章授与のお祝いパーティーを浅草で開いたことです。正確には、開いてもらったわけで、

「十一月初五。終日雨。夜浅草。ロック座々長松倉氏女優踊子二、三十人を逢坂屋洋食店楼上に招ぎ余が文化勲章拝受の祝宴を張る」

ほかでも取りまきの有名人士たち、受賞の祝宴は持ったでしょうが、それらには多く触れず浅草の話だけ特筆してある。ここなんぞも、永井荷風らしくて面白いと思います。（岩波文庫の摘録『断腸亭日乗』に拠る）

昭和28年以後は、荷風じい浅草に通うものの、連日連夜ではなく、踊り子らの楽屋訪問も常にではない感じで、あとは洋画を見たり食事したりの浅草遊歩。昭和30年6月21日の日記では、今はない浅草の東宝劇場で自身の原作による東宝映画『渡り鳥いつ帰る』初日を見た、というところが目につく程度です、浅草ネタとしては。

永井荷風最後の浅草行きは、昭和34年81歳の3月1日。

「日曜日。雨。正午浅草。病魔歩行殆（ほとんど）困難となる。驚いて自動車を雇（やと）ひ乗りて家にかへる」

自宅は市川の京成八幡駅前で、それまでは電車バスを利用しての浅草往復だったの

ですが、この日の帰宅は流石(さすが)にタクシーだったようです。

その日からもう浅草へ行くことなく、荷風は2か月近いあとの4月30日、自宅で倒れて死亡が確認されました。

70代のほとんどの日々を浅草で過ごした荷風の生きかたはもちろん真似できないとして、もっと別のところでぼくは永井荷風の影響を受けてしまいました。

昭和29年春、早稲田の東洋哲学科を卒業したぼくは、大学院進学をすすめられながら、面白半分になんと横浜のストリップ劇場文芸部に就職し、ストリッパーたちの楽屋に寝そべって、毎週のコメディ台本やストリップショウのコントネタを書きなぐるという大バカな青春時代をスタートさせ、恩師や両親を激怒させた、という昔話もあるのです。

思えば昭和のよき時代でした。

8

色欲衰退、目だけはいまだにＨ系

老いのいましめ８

・夢一物、無尽蔵

・二ついいこと、さてないものよ。二つわるいこと重なるものよ永井荷風の流れで、ここはやや色けがらみの雑談を。年齢（とし）を重ねても男には大いに興味ある話のネタです。

「食と性は動物の二大本能というが、食いけと色けは車の両輪でね、どちらか一方こわれても、車の用をなさない。人間も、食の本能は健在でも色が衰退消滅したら、人生の楽しみは半減する。いや、色欲のない男は生ける屍だ」

などと大げさな持論を吐く老友もいますが、ぼくも同感です。

ぼくは75歳ぐらいまで現役で何とか男の色けを出していましたが、喜寿のあたりから完全に色欲減失（げんしつ）、からきし駄目になって今はウソみたいな脱落者、女性関係は死に体になり下がってしまいました。

目だけは刺激を求めるが、その目も視力が落ちて、すれ違う男女の性別がわかる程度ですよ、やや大げさでウソっぽいですが。

「若いころ、もっと遊んでおくべきだった。相手はいくらもいたんですがね、逃した魚は大きいですよ」

なんておバカネタを、ブティック社の志村相談役にふりますと、志村氏は、

「なにネゴトいいますか。われわれサラリーマンと違って、センセイなどは遊びたい

放題やってきて思い残すことはないでしょうに」

反対に茶化（ちゃか）されます。自分では、もう男の資格がない、と思ってるぼくは苦笑するのみ。いたづらに妄想をふくらませても、下半身に力が湧いてこず、まったく実技にいたりません。

「いい年した老人が何ともお恥ずかしい」

と、たまには自己嫌悪におちいりますが、本音はやっぱり若き日の、好みの女性を見たら即出陣、常在戦場（？）のあの日に戻りたいと痛切に願ってます。そのせいか、女の子から時たま届く携帯のメールをくり返し読んで、ニヤニヤしてるしかないおバカな毎日です、この老齢にもなって。

75歳まではまだ、気まぐれな女性がぼくに関心を示してくれました。ゴハンに誘っても、三度に一度は来てくれて、話も弾みます。でも、情けないかな、食べ終わると、もう両者ともすることが見つからない。次の行為へ及ぶキッカケも気力もない、ってわけですね、いやホントに。

露骨にズケズケ言う女性もいます。

「食べたあとに何も起きないのは時間のロスね」

これじゃ白けてお開きとなります。

無理に誘ってもイザって時に役に立たない自分に直面するのは屈辱で、男の見栄が許しませんから、気の弱い老人のぼくは虚勢をはって、

「じゃ、この次、体調のいい時に」

なんてごまかす。もう死にたい気分です。それっきり、こういう彼女らはめしの誘いにも乗ってきませんしね。

「70過ぎたら、女はもう誰も寄ってこないぞ。男と見られてないんだ。君たちも60代に大いに遊んでおけよ」

と愚劣なアドバイスをして、さらなる自己嫌悪におちいるのですが、最近はありがたいことにかなり割りきれて、色欲不全による心の動揺はほとんどありません。むしろサバサバして色けとは無縁のつきあいを楽しんでいますが、コトここに至ってぼくはむしろこう思います。

「オンナと縁が切れたのは、いいことかも」

これを痛感する時がある。そういう時は女性のいい面ばかり目について、いやな部分がまるで見えません。これまでは色欲が邪魔をして、女性を見る目が濁っていたん

でしょうか。

　中年までは女性関係が何度も妻にばれましたが、70歳すぎたころからは、たとえ感づかれてもとぼけ切るし、妻もわざと無視する態度に出たりして夫婦がもめることはなくなりました。

「色欲ほとんどゼロの目スケベ状態も悪くはないかな」

　それが老いたということか。そんな風に慰めたりもしますが、まだ目と気持ちの上では女色を諦めきれません。

　ＡＶ動画もけっこう楽しく見てまして、妻にばれたら軽蔑をいっきょに買うこと間違いなしでしょうが、ＡＶを見るパワーすらもそろそろ下降気味なので、次の楽しみをさがさないと。

「なに狂ってるんですか。その年齢（とし）で遊んだらもう腹上死しかありませんよ」

　と下品にからかう後輩もいますし、

「ゴハンの相手してくれる子たちがいるだけでもシアワセでしょ？　現状に満足しなきゃ」

なんて、まともな反応もある。自称エロじじいのぼくも口先だけで、行動面ではまるで負け組の落武者、実技に及ぶ機会がここ10年、まったくないのがやや心残りなんです。大多数の読者は言うでしょうね。

「そこまでバカ正直にいうのは、みっともないね。老人ならあたり前、世間ではそれが普通なんだから、陳さんも悟りの境地で黙ってれば好感もたれるのに」

そりゃぼくも充分わかってますが、ここまで書いてしまったのだから、勢いでもう少しナマナマしいところへ突入しましょう。

最近の週刊誌、老人のSEX特集など派手にやってますね。高齢の読者に受けてるから毎週やるっきゃないんだ、と聞きます。

一方で、老人めあての風俗業も盛況だそうで、

「陳さんもどうです、じいさん専門のところもあるし、信用おける店紹介しますよ」

こんな誘いもあって、事情通の知人ベン村さ来クンから情報を得たところ、たしかに「60歳以下はお断り」なんてスケベ心をくすぐる店もありますし、ぼくも参考のためそこへ直接電話してみました。

電話では大歓迎で、出張サービスもあるといいますけど、最終段階で不能不発だったらカッコ悪い、恥をかく、とイマイチ度胸がなくてぼくはまだ、風俗は試していません。風俗通はぼくを冷笑した感じで、こう思うでしょうね。

「老人はカネ持ってるけど、使う場所がないんです。孫にン万の小づかいやるくらいなら、自分のために使うべきですよ。そういう老人のエロ道入門が目立ちますよ」

かくて高齢者専門の店も登場するわけで、旧友の話ではこんな風俗嬢も。

「間違いなく復活させます。あたしのテクで蘇らせてみせるから、まずお試ししてごらんよ、あたしの秘技を」

ここまで自慢されると、却って腰が引ける。ぼくが、めし友の落語家立川志ららと立川らく次に相談しますと、

「風俗は危ない店もありますから、いま話題の相席居酒屋あたりはどうですか。うちらも行ったことないので、調べてご同行します」

いつの間にか、こうしてぼくは若い連中の案内で、赤坂ビズタワー前のビル地下「相席屋」へ行くことになってしまいました。

たしかに仕込みではない、まったく普通のＯＬたちが、「女はいくら飲んでもタダ」

というＰＲ看板に釣られて、大ぜい集まってました。男性客のほうがまだ少なくて、女性たちのみが席で勝手に盛りあがってたのが面白かったけど、ぼくたちの席にも、われわれ３人の男に対して、30代のＯＬ２人が相席してくれました。

わりと感じのいい子で、彼女らはタダ酒がのめると聞いて探訪かたがた来たそうで、おたがい素性を隠しての会話ですから、通りいっぺんの世間話しか出ません。

ぼくの顔も名も知らないから、こっちは却って好都合で、いい加減なヨタ話を連発しながら1時間半ぐらい楽しみましたかねえ。

男３人は次の用があるので帰ろうとしたら、

「私たち、まだいます。みなさんはこれから出稼ぎですか？」

年上のＯＬが予想外のジャブをくりだす。ぼくたちは大笑いして、落語家のひとりが答えたものです、「そう、出稼ぎ。カラダ売りに」

すると、ＯＬがぼくを指さし、

「そのお年で、大丈夫ですか」

酒の勢いでぼくをサカナにする。これがまたわれわれ３人に大ウケで、相席居酒屋での他愛ない時間が終わりました。リピートするには、料金的にやや高いと思いましたし、好みの相手にいつ遭遇するかわからないのも面倒で、「何度も通うところじゃないけど、客寄せのアイディアはすごいね、女をタダ酒で集め、『そこへ男を呼びこむ着想がえらい」とヘンな感心をした次第です。

この話は友人達に軽蔑されましたね。

「陳さん、その年で相席居酒屋か。好奇心があって若い、とほめるべきか、それとも単に女が欲しいスケベ野郎なのか」

エロじじいと笑われてもぼくは平気です。色けは捨てたものの、食いけだけではまだ大往生できぬところが、自分でも気にいってるからです、まだまだオレは若いと。

今は亡き談志さんがよく口にしていたことは、

「陳さんは生活臭がにじんでないな。どんな家庭なのか、さっぱりわからねえ。脇に、子どもでもいるんじゃないか、とも思うし」

いや、子どもは表にも裏にもいない。妻とも何十年別居だが、離婚もしてない。愛人と同棲したこともないし、外に誰か囲ったこともないし、スキャンダルも幸いにしてゼロ。

「陳さんはある意味ラッキーだよ。遊んだくせに重荷しょってない。おれなんか昔はよかったけど、今は大変だ、体がもたん」

と艶福家で知られる印刷会社のオーナーがぼやく。かれは60代に入る前からすでに3人の愛人をそれぞれのマンションに住まわせ、優雅にそこを巡回する、男の憧れを実現していた男です。


ぼくはうらやましくてね、政治家でもスチュワーデスを愛人に囲っていた党人がいましたけど、この程度じゃさほどうらやましくない。3人の愛人のマンションを曜日をきめて巡回するという、これをぼくも真似したかったわけ。

「月曜から土曜まで彼女らの家を週2回のローテーションでまわるんだ。週6ってわけさ。もちろん泊まらないでわが家に帰る。これで1週間たつ。日曜日はゴルフもやるが、原則、男の生理日だ」

このペースで仕事も順調、家庭も円満（?）とオーナーはうそぶいていましたが、70代に入ると雲行きがじょじょに変わりましてね、先日この艶福社長に会ったら、いきなりボヤキに直撃されたのです。

「トシには勝てん。体が全くいうこときかんのだよ。今では週1のペースで顔だしてる、仕事が忙しいという口実でな。しかしその週1巡回がもうしんどい。彼女らのマンションに寄ってめし食ってフロ入ること自体、苦痛だ。外で食ってそのままバイバイのほうが楽だ。本音は疲れるから一人で食いたい、家もカミサンがいて癒しにならないし」

なにを今さら、ぜいたくな悩みを、とはじめは笑って聞き流してましたが、オーナーの悩みはかなり深刻でした。

「もう手を切って女房のところへ毎晩帰ってもいい。うるさくても、子守唄と思えば疲れない。愛人の家は他人だけどヘンに情が移っちゃって、疲れるんだよ。いっそ浮気してオレを捨ててくれりゃいいけど、これがまたみんなマジメで浮気してくれない。週一回だけのオレを待ってる。気がついてみりゃ、彼女らも50をとっくに過ぎてる。こんな女たちを捨てるわけにはいかんだろ、子どももいるし、養う親もいるし、このままじゃついズルズルとくされ縁を一生続けて、オレは死んじゃう」

何とあれほど人生を豊かに彩ってくれた、愛人というオモチャが今や重荷となって、老齢の社長を悩ませています。ぼくは同情しながら、自分はよかった、と実感しましたね。

「老人は身軽のほうが幸せなんだ。若い時は愛人遊びも楽しいだろうが、年とったら地獄だ。なまじ情が移ったら、それこそ自分の首をしめる」

いやはや不謹慎な話で、女性蔑視と袋叩きにあいそうです。女性読者には、大ひんしゅくを買うでしょう。ぼくの妻は、つねづねぼくに向かって言ってました。

「あなたは品性下劣だから」

その度にぼくは軽く言い返していました。

「いや、それはオレの一部だから、許される」

とはいうものの、バレたら許してくれません。これが夫婦だから甘んじて受けるしかありません。

諸兄よ、女性とつきあうのは実技可能な年代までです。ぼくのように目スケベ状態になっちゃ、男もおしまいです。実技可能なうちにせっせとチャンスを見つけて、女性とのおつきあいも大いに楽しんで下さい。

9

団塊世代にはつらい
未知未体験の老後がはじまる

老いのいましめ 9

・人生には三つの坂がある。上り坂下り坂、そして、まさかの坂であるここらで、目先の趣(おもむ)きを変えてみます。これまで読んでいただいたぼくの身辺雑記のような部分、ぼく自身の年齢を明示してませんでしたが、ぼくもねえ、いつの間にか、85歳になりました。まさかこんな年齢(とし)まで生きのびるとは思ってなかったので、いくぶん不思議な気もします。

しかし現実は、まぎれもなく85歳のじじいです。

「この年じゃ、とくにもうやりたいこともないし、いっそひと思いに死んだほうが楽かもしれない。そう願ってる老人は多い。でも、そう簡単には――」

これがぼくの実感ですが、そうは言ってもそれなりに死への準備は着々としています。ピンピンコロリで消滅する、いわゆるピンコロ死は無理としても、病死や事故死は望んでいません。

「カステラ食べながら紅茶のんで、または渋いお茶で羊かん食いながら、眠るように大往生できたら本望なんだが……」

カステラはぼくの幼少時代、手の届かなかったぜいたく品、これ食べてコロリと死ぬのがぼくの自分勝手な夢想なんですが、いまの本音は、

「死ぬまでに残り時間を面白がって楽しく生きなきゃ損したってもんだよ、まだ二、

三年は持ちそうだからな」

80代の老友とそんな期待しながら、いまのところ死ぬ気配もさらさらなく、快適にくらしています。70代の老友もそれに近いでしょう。

私事にふれれば、おかげさまでぼくは比較的恵まれた生活を、今もこれまでも送ってこられて、マスコミの仕事は現役をとっくに引退しましたが、まだそこそこの生きる刺激を周囲からもらい、さしたる不安と不満もなく、健康にもまずまず恵まれ、知人友人も寄ってきてくれて、いちおう充実満足の老後（シニア）ライフを楽しんでいます。

「うらやましい、お前は特別だ」

などと、おっしゃるなかれ。ぼくだけではありません。いまの70代80代の高齢者たちは大半が、まずまずの安定円滑円満な老後を送っていて、貧困にあえぐ一部の例外をのぞいて、日本の高齢者たちは総体的平均的に実に幸せなんです。わが国の70代80代の高齢者たちはハタで騒ぐほど苦しく大変ではなく、以前にくらべ、そうとうに恵まれていて、

「早く生まれた世代はトクなんだ。世代間不公平の恩恵をモロに享受してるからね」

これに尽きます。ぼくを含めた70代80代の人たちは何かにつけて、人生の後半はト

クだったんです。ここから下の世代はじょじょに、いや、どんどん負担がきびしくなって、団塊世代などに至っては、

「兄貴や親父の世代はオレたちの犠牲で丸もうけだ」

といいたくなるくらい、70代80代と団塊世代の制度上の不公平と格差は、これからも大きくなっていきます。

学者風（？）に蛇足の解説をつけますと、

「わが国のこれまでの社会保障制度は、急速な少子高齢化を折りこんでいない制度設計だったのに、あまりに早い高齢化が到来したでしょう。ここに大きなひずみが発生したのです。その結果、早く生まれた世代つまり70代80代の高齢者たちは制度上、既得権で必要以上に優遇され、社会保障は老人福祉が超優先、年代がおくれるほど、つまり60代50代と年代が下っていく世代の人たちほど、年長者に比べて不利不遇不公平にされていく面が少なくない。こういうイビツな構図になってますから、この格差不公平は一朝一夕には是正されません。むしろ制度維持のため、改悪的手直しの道しかあり得ないでしょう」

学者評論家たちはコトもなげにいいますが、いまその改悪の直撃をうけそうなのが

団塊の世代とそれ以下の人たちです。彼ら自身も不安を隠せません。

「年金の開始年令も遅れて、しかも減額だっていうじゃないか。消費税も上るし医療制度もきつくなるらしいし、介護保険だってきびしくなってパンクしそうだって話だろ？　待機児童問題もあるし、保育士問題も大切だが、介護はオレたちにとってさしせまる問題だけに深刻なんだ」

という嘆きが耳にタコです。なぜ団塊の世代ばかりにシワ寄せがいくのでしょう。

ＮＨＫのスペシャル番組で、「下流老人」とか「老後破産」とかいう特集もあり、新聞もこの手の老後暗黒記事をたれ流しています。わずか数例をもとに、

「明日はあなたの身です。安全神話は崩れました」

みたいなコメント出してますが、番組の作り手はかなりの給料とってる安泰な人種ですから、脅かされる視聴者こそいいツラの皮。放送見て恐怖と不安に脅えたフツーの人が深刻なインパクト受けて悩む漫画チックな場面も聞きました。

70代80代の高齢者たちはいたって冷静で、

「三千万の老人みんなが哀れでみじめ、ってわけではないだろ？　自助努力をそれなりにしていれば、あんなにみじめなことにはならん」

と、わりと楽観視してます。これも、70代80代が世代的に恵まれていることに通じます。

ぼくも今のところは、制度上の過保護ともいえる老人優遇で、年金も医療も福祉もそして経済成長のおかげもあって、いい時に遭遇して老いを迎え、メリットを享受し、一部の例外をのぞいて辛い苦しい老後ではありません。

そこいくと団塊の世代の不安はハンパではありません。目の前にはきびしい老後が横たわっています。上には親世代がいて、親たちが介護や認知症に直面したら、この面倒は誰が見ますか。お金は誰が出しますか。

まして子どもの中にバカ息子やバカ娘がいて、親がかりで暮らしがやっと、親の丸抱えなんていう就職困窮者だったら、怒鳴ってケリがつきますか。団塊世代がそんな上と下との板ばさみでイヤな老後と直面するのも時間の問題ではないでしょうか。

「自分たち夫婦や子どものことにも手がまわらないのに、老親の介護のためにわたくし仕事をやめなくてはなりません」

こんな実例はざらですし、今後もこういう例はふえていく、女性の社会進出を阻む一因が、両親の介護ともいえます。保育や福祉関係に予算もっと出してくれればいいのに、この国の政治はまず利権になる所にお金を優先する悪い傾向が残ってますね。

これが続く限り、団塊の世代の老後は明るいと言えるでしょうか。

「70代80代の世代と団塊の世代の世代間格差と不公平が、このあと具体的にどう出てくるにせよ、上の世代を今さらうらんでも始まらないが、団塊の世代は老後に向けてどういう自衛策をとったらいいのか。答えはどこにも出ていない」

という声の多さに答えて、ぼくは思います。

「ぼくは85歳でもうじき死にます。高齢者優遇政策のウマミをさんざん受けましたが、それは世代間不公平の問題だけでなく、それぞれの運と自助努力が大きいかとも思ってます。それを含めて団塊世代の人たちは今からでも、老後の準備を始めておそくない」

とはいえ、専門家たちは、

「いやいや、すべては団塊世代以下の社会保障政策の充実が鍵をにぎってます」

とテレビに出る高名な評論家がみな口をそろえます。もちろん、これは営業上のたて前で、常に言いっぱなしです。かりに社会保障が充実しても、自分にはまわってこない、と団塊世代は割り切って、自分にできる精いっぱいの自助努力をすることをすすめます。人生は自分の両脚だけがたよりなんです。

ふり返ってみれば、60代のぼくはまだ現役で仕事に追われ、老後のことなど視野にもいれていない忙しいその日ぐらしの連続で、

「人間トシはとりたくねえもんだ」

とむしろお年寄りを敬遠してました。若気の至りではすまない、無知無茶な老後の始まりです。70代になって自分の実力や社会的評価がわかってくると、少しずつ老後が気になり、議員をやめマスコミの仕事が激減してからというもの、

「いよいよ老後だ。やがて世間に捨てられる。自分なりの老後準備を始めないと、年とって泣くかも」

徐々にそういう思いが強くなりました。そうなると、周囲の同窓生たちや高齢者らに目が向いていきます。

先に言っておきますが、サラリーマンは退社後70代で、意外な怖い伏兵に襲われるんです。

ぼくは議員をやめ、大学の先生をやめ、著述業だけの孤独で自由な身になりました

から、まわりの友人知人たちを意地悪く観察しました。

それは想像外の世界で、ぼくには新鮮な驚きというしかありません。

「サラリーマンOBってのはね、たいてい、やることがなくて退屈しきってるんだ。かれの現役時代の栄光はどこへ行ったんだ？　マボロシと消えてしまった」

直接聞いてみますと、退職後60代後半から70代にかけてかれらの多くは、なにかの会がないと毎日やることがないに等しいのです。退職で手にいれた莫大な時間とうれしい自由を、それこそ退職後自由自在に使いこなせばいいものを、それが自由に使えない、いや持て余して宝の持ちぐされ。

「毎日がヒマすぎて困ってる。時間つぶしのネタがない」

こういうわけなんですね。ぼくは意外でした。せっかく管理社会から解放され、待望の自由と時間を手に入れたのに、それを生かしきれない。こんなこと考えてもみなかった、とかれらはぼやくのです。

「要するにヒマつぶしが出来ないのか」

と問いつめますと、

「時間のつぶしかたを教えてくれよ。女房が家でガミガミうるさいから、家にもいられない」

いやはや、女房族なんてのはヒマつぶしが上手でこんなバカな悩みありません。自営業自由業の人も時間のつかい方にはなれてますから、こういう定年後サラリーマンのような悩みはありません。

「サラリーマンは会社あっての存在なんだな」

とぼくは痛感しました。その時、

「宮仕えのサラリーマンは組織に守られ、会社が敷いてくれたレールの上を一生けんめい走ればよかった。定年後はレールが外され、さてどこへ行くか、自分でレールをきめ行く先を特定しなきゃならん、これは時間もかかるし苦労するかも。意外な伏兵といえるかもな、想定外の」

これは団塊の世代の諸兄姉も、退職後にいづれ大なり小なり直面する問題ではないか、と思いますね。会社時代と退職後のフリーは質的に違うのです。上の世代との不公平・格差があるにせよ、これはこれ、70代がくると避けては通れぬ難問の一つなんです。

定年後のサラリーマンたちのブログや随筆に目を通すのが好きで、参考までによく読んでますが、そうすると、このあたりの事情がよくわかります。

かれらが定年で失うもの、仕事、給料、ボーナス、肩書き、仕事の達成感、安堵感、同僚・仲間たちとの連帯感、仕事や人事がらみの刺激、ネクタイ姿で出かける機会の減少、酒のんで上司の悪口をいう楽しみの場、行きつけの飲み屋に行くチャンス、などなど、実はもっとあるのでしょうが、サラリーマン経験のないぼくにはこの程度しかわからぬものの、これだけの莫大で多様なものを定年や退職後にいきなり喪失して未知未案内未体験の老後空間にいきなり突入するのだから、その孤独と大迷走は、無手勝流（むてかつりゅう）ではどうにもなりません。

「オレはひとりの時間を過すのが苦痛だった。時間地獄でのたうちまわった」

とオーバーに述懐する、強気でならした古い友人もいましたから、自営業や自由業とちがい、組織に守られ、組織の過保護に浸っていたサラリーマン諸兄が退職後しばらく、予想外の苦労のトリコにされるのは理解できます。

それでもいま70代80代の高齢者たちは、時代に恵まれ制度に守られ、苦労しながらもこのような危機（?）を乗り切って、それぞれの生きかたで自分流の老後を楽しんでいます。団塊世代の人たちはこれからが大変で、いかに世代間の不公平がこれから諸兄姉にどう襲いかかるのか、いささか心配ですが、それは上手に乗りこえることができるものでもあります、知恵と工夫で。

「あんまり、おどかすなよ」

と団塊の世代の皆さん気を悪くするかもしれませんね。

なに、ごく普通の、あたり前の対策を着実にたてていれば、老後なんてそんなに大変なものではありません。今の70代80代の高齢者並みに、楽しく面白がって暮らせます。だいじなのはマスコミの雑音におどらされ、自分流を失うことに尽きるのではないでしょうか。

一番必要なのは、お金とのつきあいです。ぼくの老後は3Kといいましたが、この3Kの経済（お金）は誰の老後にも大きな影響をもちます。お金とのつきあいかたがそこそこうまくないと、老後は安定しませんので、次はそのお話の一端を。

10

老後の家賃と住宅ローンはきつい

老いのいましめ 10

・将来への不安は死ぬまで無くならない、自分が勝手にそれを作るからここまで長々と、老後雑談のようなものを自分中心に書いてきましたが、ここからは、やや切実で現実的な雑談トークが少しずつ出てきます。

気楽に読み流して、おせっかいな所は読み飛ばし、いいヒントがあったら参考にしてもらえば、それでも充分だとは思いますが、人によっては熟読も。

まずは常識中の常識で言わずもがなの話ですが、老後、貧窮に追いこまれ動きのとれないケースの典型例が、家賃負担です。何かの事情で持ち家がないと、かりに四畳半の狭アパートでも月に五万円はとられます、大都市の例ですけど。

「年金からこれ出すと、あとはもう食えない」

という嘆きもあたり前で、家賃というのは老後の大敵なんです、とくにひとり暮らしの女性には。家賃のために老後ピンチにおちいる、これはもう常識なんで、まず家賃負担をゼロにする、これこそ団塊世代が、老後を迎える第一歩。持ち家の固定資産税なんてのは、月々の家賃に比べたら恐れるに足りません。

「持ち家がないから家賃を払う、こういう時代だから、これを本人の責任とは言えないだろう」

という反論もありますが、よほどの不運がない限り、ほとんどの人は住宅ローンで持ち家を入手しているのではないか、これが日本の現状です。

問題はこの住宅ローン。定年後まで持ち越してはいけません。低金利だから借りたままでも大したことない、と軽く思う人もいるでしょうが、元金返済の重みは老後の家計を圧迫し、定年後も住宅ローンを払い続ける愚は、ぼくはおすすめしません。

住宅ローンは余裕を見つけて、せっせとくり上げ返済するか、有利な条件で借りかえ手続きをとるとか、低金利時代ですから読者のみなさん、老後に向けての工夫はそれぞれ対応されていると思いますが、決定的なキマリは、

「退職までに、住宅ローンは完済すべし」

数度にわたるくり上げ返済で完済もよし。退職金で一括返済もまたよし。いずれにせよ、住宅ローンの重荷を老後にまで引きずったら、70代80代の家計が不安定かつ、やりくり不能におちいる可能性大なりと思います。

簡単にいえば、老後は無収入と思うべきなんで、年金から家賃や住宅ローン払うなんてことは、年金の誤った使い方です。百円でも無駄な出費はおさえるべし、ましてや家賃や住宅ローンなど、他人さまを儲けさしているようなもんです。

つまり、これが鉄則です。借金ゼロのスッキリした老後、団塊の世代でなくても絶

対にこれを実行すべきです。退職金運用なんてバカな事はリスク大だから、絶対にやめましょう。それでもやりたい人は勝手にどうぞ。老後破産の道が待ってます。

「貯金持ってるけど、住宅ローンの完済はイヤだよ。貯金減っちゃうのが、こわいもん。ローン払いながら、そのうち死んじゃえば、それで世の中終わりだろう？」

こんなセリフが口ぐせの老婆がいます。彼女の貯金はン千万円とか。他に、通帳外のタンス預金（かくし金）もあるそうで、世間ではケチばあさんで通ってますから、彼女に下手な忠告は誰もしません。

住宅ローンの完済をためらっていた夫婦もいます。夫婦とも70歳に近いので、そろそろ返済の負担がきつくなってきたのです。

「よし、貯金が半分に減るけど、借金返してスッキリしよう」

ご主人は決意しました。やはり毎月10万円以上、引き落とされるのが老後は重荷になってきたのです。ところが世の中わかりません。そのご主人がぽっくり亡くなりました。返済中の住宅ローンはどうなるでしょう？

「何とかって団体保険に入ってたんだって。ローン組む時に強制的にいれられたらしいのよ。それが亭主が死んだら、残りのローンがその保険で帳消しになったわけ。あたしもう借金ゼロ。全部返しきってないのに、この家全部あたしのものらしいのよ」

こんな実例もあります。住宅ローンを組んだ時に強制的に加入させられた、多分、団体生命保険とやらが、加入者たるご主人の死で、残金の返済責任がパーになってくれた、という思いがけぬツキが、未亡人に舞いこんだってわけなんですね。

「そういう例があるから、住宅ローンはムリに完済しなくていいんだ」

と大まじめに主張する人もいます。でもそれは特例中の特例で、いくらローンがゼロになっても、ご主人はもう生き返りませんし、さらに長生きすることもあり得たのです。つまりは、こういう特例を想定して住宅ローン返済を続けるのは邪道です。

「でもせっかく貯まっている貯金、途中で減らすのは惜しいよ。そのままにしていても死ぬわけじゃなし」

もしこう思ってる高齢者がいたら、別の意味でこれは危険です。いわゆるオレオレ詐欺の毒牙にこういうお金が狙われないとも限らないからです。

「オレオレ詐欺の被害が年間何百億だって？　だまされる奴の気がしれないよ。マトモな奴が、あんな初歩的な詐欺にひっかかるかい⁉」

と思う人は詐欺にはひっかからない、これが正常人といいたいところですが、実は警察でも頭痛のタネ、オレオレ詐欺またはそれに準ずる手口の巧妙な詐欺が後を絶たない、その理由は、簡単です。

「だまされる年寄りは、みんなカネ持ってるし、お人よしで他人を信用しやすい」

これです。お金に余裕がなければ、いかにムスコのためとはいえお金の出しようがありません。余った大金（？）が現実にあるから、ついついだまされてその虎の子をサギ師に持っていかれてしまうのです。

実は著者の家にも、その種の怪しげな電話がかかりました。わが家はムスコがいないので、インチキとすぐわかりましたが、知りあいで数件、これに危うくだまされそうになったケースがあったのです。

一件は本人の名誉のため名を伏せますが、著名な落語家の70代の父親。他の二件は、一見しっかり者の老婆です。手口はいとも単純で、固定電話にかかった声が、

「会社の金つかいこんで、えらいことになってる。すぐに３００万円わたさないと、逮捕されるんだ。たのむ」

こんな調子の、劇場型サギ・電話の向こうで何人かが変わって窮状を説明するのですが、電話で応対する老人はめったに会わないムスコの声など忘れちまってるし、周

囲の騒音もあって聞きにくいから、なお頭に血が上り、相手の言うがままに何百万円かを銀行でおろし、指定の場所まで持っていきました。

幸い、相手がムスコでなく、代理人だったため、

「ムスコを呼んでくれ。ムスコに渡す」

と抵抗することで、被害を未然に防いだわけですが、このケースも、お金があればこそ、老後の資金を狙われたという側面が大きいと思われます。

「この種のオレオレ詐欺にはくれぐれも注意」

と警察も口を酸っぱく注意喚起してますし、金融機関の窓口もうるさく対応してますが、被害はあとを絶ちません。たとえムスコと信じムスコの危機にパニックになったとしても、かんじんのお金がなければ、詐欺にはかかりません。

住宅ローン返済から話が外れましたが、せっかく一生けんめい貯めた老後資金の有効な使いかたとして、退職前の住宅ローン完済は前向きで実用的な手段です。

「住宅ローンの返済を渋って、オレオレ詐欺にやられたら元も子もない」

とおせっかい焼くしかありません。ややオーバーな飛躍ネタになってしまいましたが…。

11

妻よりも家族よりも重要な男のヘソクリ

老いのいましめ 11

- 現代は、老人過剰、ガキ過保護、女性横暴、男性衰亡のおかしな末世である男にとって老後安定をにぎる鍵は、自分のお金です。妻にないしょの、自分で自由に使える老後資金とでもいいましょうか、いわば男のヘソクリ、これが退職後を左右する大切な土台(どだい)のひとつだと思います。

常識的には、妻から月に何万円かのお小づかいもらい、臨時に入用の緊急時（？）には、妻に頭さげて特別支給分を恵んでもらう、こういうのがサラリーマンOBの現状らしいのですが、死ぬまでこんな事して妻に頼むようじゃ、飼い殺し状態でハッピーではありません、我慢強い人はそれで諦めるでしょうが、たかがお小づかい程度で妻の軍門に下るなんてのは愚の骨頂です。老後安定のコツは、

「自分だけの、秘密の金を隠し持つこと」

これは難しいことではありません、40〜50代のうちから、しっかり用意を始めていれば、ラクな話と思うのですが。

目標、一千万円。かつては500万でいい、とすすめていたんですが、多々ますます弁ず、お金は多いに越したことはないので、ここは高い目標を掲げておきます。

「無理だよ、一千万なんて」

と思うようでは、団塊世代としてはつまらない老後になりさがる。妻がくれる月何

万円かの小づかいで死ぬまで楽しく暮らせると思いますか。

方法はいまの年収次第ですが、誰でもが出来るまっとうな道は、月ン万円ぐらいの積立定期またはそれに準じる各種の積立です、金(キン)の積立投資もありますし。欲をだして株とかギャンブルとか、一攫千金を狙っちゃいけません。ヘソクリは地道にコツコツ、そしてコソコソ、誰にもないしょでやるものです。

毎月、強制的に1万円の積み立てをやったとしても、1年で12万円、10年で120万円だからバカになりません。しかし少なくとも月5万円ぐらいの積み立てをやったとしたら、10年で600万円。これなら貴重で有益な老後資金です。もっと頑張れば、目標一千万円も夢じゃありません。

ヘソクリなんて、やれば出来る。女房連中みんなやってるじゃありませんか。

「亭主には、そりゃ無理難題。あり得ない」

と反論なさるなら、妻のヘソクリ調べてごらん。彼女名義の通帳、盗み見してごらんなさい。必ずしっかり貯めこんでる、彼女自身の老後のために。

「ちがう、イザって時の家族のためよ」

と妻本人は内心で思いながら貯める努力を続行してるでしょうが、最終的には自分の老後資金に化けます。その中には自分の働いたお金も入りますが、そういう用意をどこの妻も30、40代から今すでにやり始めてると思ったら、亭主も負けてはいけません。何が何でも妻をごまかして自分のヘソクリ確保に知恵と心を砕きましょうよ。

「冗談じゃない。現役のいま、ヘソクリや積み立てなんかやる余裕がない」

と、みなさん異口同音に口走るでしょうが、ヘソクリは自分の老後20年を支える屋台骨です。目標一千万は無理としても５００万ぐらいは確保しなきゃ！

５００万のヘソクリがあれば、10年間に限定するとしても年50万円は自由になります。

ということは月に４万円は、妻にないしょで自分のために勝手に使えるってこと。何たる余裕だと思いませんか。

「大幅に譲って、はじめの10年はそれでいいとして、そのあとは？」

こんな愚問はいけません。60代前半はまだ働ける、バイトでも仕事もある、世間も必要としてくれるから、この間にヘソクリはできる。これで何とか稼げます。かりに60代の半ばから10年間は、安定した楽しい老後（シニア）ライフが保証される計算です。

多分、読者の疑問は、

「次の10年、70代後半からどうなるんだ？　ヘソクリ使い切って、年金から月3万の小づかい、また女房にもらう身分じゃないか」

これですよね。

心配無用。仕事やめて初めの10年はヘソクリ握って、まず問題なしです。ここでつまらない老後を送ってトシとってしまったら、まさにこれじゃ生ける屍じゃありませんか。

60代後半から70代にかけて、はじめの10年がハッピーで楽しい老後であることが大事なんです。70代の後半はもう、元気で頑張ってるとは限りませんし、元気でもトシだから、もうそんなにお金を必要としません。だから老後用のヘソクリ、500万円でも何とか世間並みの老後が送れます。

「妻に秘密の、自分のヘソクリ500万から一千万」

夢がふくらみますねえ。

ぼくがこれを推奨してもう10年以上たちますが、その間どれだけの男性に感謝されたことか。まったく知らない人から、自慢じゃないが、うれしい報告をいくつも受けていますから、ぼくには自信があります。

「それより、家族全部の老後資金のほうが先決だろう。専門家によれば、３千万ぐらいは必要だというのがほぼ定説じゃないか」

そうです、それは一面でその通りですが、その資金は家庭用です。そして家族の老後資金というのは夫婦で計画し相談して用意するもの。亭主ひとりが責任を負うべきものではないし、たいていの場合、亭主のほうが先に死ぬでしょうから、家族全体の老後資金計画は、妻の主導型のもと、夫婦の共同作業と割りきって亭主は手抜きで取り組む程度でも何とかなるのです、やや楽観的すぎますか。

でもぼくに言わせれば、老後70代になってからは、意外とお金がかかりません。大病すればともかく、家族的には一千万ぐらいあれば、何とかなります。年金もあるし、保険もあるし、公的サービスの活用もありますから、マネー評論家が想定計算するほど、大量の老後資金を必要としません。これは事実です。

かれらは若いから過剰に見積もりますが、実さいに高齢になってみると、現実には老後３千万円の用意なんて、二、三の例外をのぞいて、しなくていいことになります。

それでも、夫婦の老後資金は心の安定のために必要です。だからこそ、男自身の秘密の自己資金確保はどうしても自分のために、50代から少しずつ準備をしなければいけない、そうでないと老後損するのは自分なんだ、ってことになりかねません。

以上はぼくの考えかたなんで、押しつけたりはしませんが、自分のお金を持たない老後と持っている老後は、安定と楽しさの点で格段にちがうことはたしかですから、資金準備は早く始めるに越したことはなく、またそのために現役中は無駄使いをやめて、無理にでも積み立て貯蓄の努力をしたほうがいい、と思います。

「それは理くつにすぎないね。自営業自由業はともかく、サラリーマン家庭の現実はそんな甘いもんじゃない。老後資金の用意だってどうなるかわからないのに自分のへソクリなんて出来るわけがない」

こんな意見が少なくないでしょう。ぼくが周囲で見聞きする限りでは、サラリーマンOB家庭の亭主はお人よしで悪知恵がなさすぎます。

まず第一に、年金ってのは全部、事実上は妻のものです。世間の実態的には妻の管理下にあって亭主の自由にはならないものです。支給実態は夫と妻それぞれの年金が保証され、合算して一家の年金額という実情が世間相場ですから、家庭によって差はありますけど。

第二に、夫婦間に老後はほとんど会話がない、いま70代以上の夫婦はそれに近い状態です。それ以下の夫婦は若い時から妻主導型の夫婦かと思いますから、あくまで一般論ながら、いまの高齢者夫婦ってのは、話題も少ないし、弾む会話も夫婦間では少ないように思えますが、夫婦百景ですから、大ざっぱな話として読んでください。

「話題なんていくらもあるけど、ダンナが乗ってこないから会話が続かない」

という妻の声も聞きます。反対に、妻が乗ってこないから夫婦間に話題がない、という亭主側の言い分もありますけど、原則として妻は譲歩してくれないから、ここは亭主のほうが妥協して、妻の顔を立て、妻ペースの会話を成立せざるを得ないのではないか、と思うしかありません。

「話題や話術や対話にこだわってもそれだけじゃダメだ。その下地をまず現役時代から作る、それには時間がかかる、努力もする」

と大先輩がぼくに教えてくれました。老夫婦の会話はサラリーマン時代の延長ではない。夫が心いれかえて脱皮してこそ、妻が軟化していくそうです。

「さしあたり男も料理覚えて、妻の代わりにオサンドンやることよ、うまい料理つくって女房を喜ばすもよし、まず会話の糸口作り、妻の気げんとって、料理でじょじょに会話成立へ努力しなきゃ、夫婦の老後は盛りあがらないよ。そうでないと、男は孤独に泣くしかない。努力しないと、さびしすぎる老後になるしかないね」

コトもなげに、ぼくの先輩は見通します。この先輩は妻を亡くし、ひとりぐらしだから何でも言えます。

「わしの見るところ、一つ屋根の下にオジサンとオバサンが惰性で暮らしてる、それが日本の夫婦だ。子どもが巣立ったあとの中高年夫婦はどこもこれだな。空巣(からす)状態だ」

でも、ぼくにいわせりゃ世の中どんどん動いて変わる、夫婦の形も変わりつつあります。


ヘソクリ談議から脱線してかなり乱暴な偏見になってきましたが、元へ戻って、夫たちの勘違い。

第一は年金は全部妻のもの、第二は夫婦に会話のないこと。最低この二つを認識して老後に向けて男のヘソクリ準備、50代から60代にかけコツコツと始めたほうが、他人よりもラクでハッピーな老後になると思いますが、どうでしょう。

「そこまで頑張りたくない。おれは普通でいい」

という読者はマイペースでどうぞ。

とくに老後のための用意しなくても、健康であれば、誰にも最低でも順調な老後は訪れるし、イザ年とってみれば、誰でも平凡に何とか生きていけますから。

だらだらと主題の周辺を紆余曲折してきましたが、ここで結論。

楽しくて面白いハッピーな老後のためには、自分用のヘソクリ一千万円目標、これは譲れません。

そのためにどうするか。妻の目をごまかし、せっせと小金をキープするのです。買いものを頼まれてごまかす、ウソの理由で妻から臨時の同窓会を年に数回やって費用をとる、妻にないしょでバイトをやる。などなどありとあらゆる手段で節約に節約を重ね、小金づくりを敢行しましょう。

なんだか情けなくて自己嫌悪になる感じですね。

でも、老後の真実はこれしかない。

チリも積もれば何とやら、これを5年10年やる覚悟がないと、自分のヘソクリ一千万円は一生つくれませんぞ。

12

親族間や身辺の浪費を削れば節約がラクにできる

老いのいましめ 12

・老いては妻に従え。逆らうと、反撃にあい、命を縮めることもある世論調査によれば、生活が苦しい、苦しくなった、という答えが未だに依然として多数派のようですが、外国人の眼などで見る限り、

「日本人の暮らしレベルは、けっこう高い。お金もみなさん、気前よく無駄づかいして平気だし」

こういうことになる。猛反論が出るでしょうね。

「無駄づかいなんてとんでもない。必要ギリギリのお金しか、うちは使ってません。教育費とか、交際費とか」

いわれてみれば、普通の家庭で浪費ざんまい、なんてバカな家は稀有です。あるとすれば、あぶく銭か悪事のお金。まともな収入や稼ぎをあえて浪費にまわすような、浮世ばなれしたバカな家庭なんて少数しかありません。

とはいえ、必要経費だと信じて買う生活用品から教育費や日常の必需品まで、ほんとうにそれは浪費といえない、絶対に有益有効なお金づかいなのか、検証してみると、意外なことが各家庭により判明します。

東京23区内の例として、ぼくの友人、今年から車を廃止しました。自動車税、車庫代、ガソリン代などがどっかり浮いたそうです。

「わが家のマイカーは土曜日曜しか使わず、週の大半は車庫にいるだけで勿体ないと思い、思い切って車検直前に、惜しいけど捨てる決心しました」

これで不便かと思いきや、

「必要な時だけレンタカー借りますよ。今これが充実していて若者はマイカー離れしてレンタ中心らしいですね、レンタカーがあちこちの駐車場にふえました」

つまり必要な時だけレンタカー借りる、これで充分用をたすというから、これまでの自家用車代は浪費だった、ということになります。クルマは車庫代ふくめて月に5万から6、7万、いやそれ以上の浪費ですからバカにできません。

車が生きる趣味なんだ、という人は別として、普通のマイカー族はこういうムダに誰もが気づき、未練をたち切ってクルマを捨てる。こういうダンシャリはそんなに珍らしくない時代になりました。家計費に占めるマイカー関係の出費があまりに大きい比重であることがわかると、

「そうか、これも浪費だったんだ」

と節約に目ざめるわけです。クルマがなければ生活できない地方都市はまた別でしょうね、その代わりそこでは物価も安いし見栄もいらないから、都会とはちがう別の

節約がしっかりできますし。

ここであえて声を大にしたいのは、無駄づかいの典型こそ親族づきあいです。考えてごらんなさい、お祝いごとやお年玉、入学、進級、誕生日、スポーツ出場、イベント代表、何かにつけてお祝いの金品を、あげたりもらったり、そういう習慣はぼくの周辺だけでしょうか。

産地では季節ごとの名品を親戚知人に送るのが今でも普通らしく、もらった方はそれなりのお返しをする。実に面倒だけど、これが日本式おつきあいってもので、こういう義理を欠かしては暮らしていけません。親族どうし仲よく円満に終生つきあう、これが基本ですから、節約傾向になったとはいえ、まだまだ生きた日本的慣習といえるでしょう。

「そこが問題だよ。うちなんか子どもがいないから大損してるぜ。姪や甥の結婚式にはお祝いもって出席するし、子ども生まれたらまたお祝いだ。うちは出すだけで、子どもいないからお返しがこない。持ちだすだけだから、こういう親族への出費がまとまると痛いよ」

このボヤキ、ぼくは同感。うちも子どもいないから、お祝いもらったことはなくて、あげる一方。それは親族間の義理だから、無駄ではないとみなさん割りきっていますが、不時の痛い出費である事実に変わりはありません。

「この年は、親戚の娘の結婚が三つも重なってね、ご祝儀のほか、披露宴に出て、金3万円ぐらいの会費でコース料理食わされるのが、たまらない時間と金の浪費だ。しかも夫婦二人の出席だから出費もハンパじゃないし」

というぐちも聞きます。まさにこれ、親族間の冠婚葬祭に出ていくお金は、まとまると少額ではない。おたがいさまよ、取ったり取られたりよ、という状況では、割り切った説明ができないように思います。

「結婚式はおめでたで一生一度だから、まあ諦められるにしても、通夜葬式がしんどいね」

という声も以前はありました。最近は通夜葬式も少なくなったし、香典は今や1万円でいいし、お返しも後日半返しなんてルールも減少してきたから、これは今やお金じゃなくて時間が問題になってきたのかも。

「葬儀場が近ければまだしも、遠くて天候不順の折なんぞ律儀に顔だすべきかどうか」

悩ましいところ。ぼくは原則、葬儀はここ数年もう体力的に無理だから遠慮して、弔電と香典の送金で勘弁してもらっていますが、葬儀への出席欠席がまた少なからぬ波紋を広げることが大いにあります。

「あいつは何故こないんだ、恩師の葬式に」

他を非難しながら、ご当人は生前、恩師のもとには全く寄りつかず葬式だけ顔をだして、欠席者をなじる。

これは直接お金と関係ないけど、よくある話で、葬式の義理を欠くことは日本人としてあるまじき行為といえるのかもしれません、一部の地方では。そんなこともあって親族だけの葬儀が定着するのは、ありがたいことです。

ここで代表的な反論をまとめてみますと、

「いまの日本人に浪費の余裕なんてあるかしら。どこの家庭も必要最小限のヤリクリを精いっぱいしてると思いますが」

穏当な意見ですからケチつけて嫌われたくはないけど、テレビショッピングなんかヒマつぶしに見て、タレントや有名人の調子のいいセールストークについ釣られて目が欲しいもの買ってしまう、これもその時は浪費じゃないと思いつつ、買った品物が利用もされず、片隅に眠ってる実例ありませんか、運動器具などその典型です。

念のために部屋をぐるり見渡してみましょう。健康器具は言うまでもなく、欲しい、必要だと信じて買いこんだアクセサリーやネクタイ、衣服類などが一隅に所蔵されたまんま、いっこうに生かされていない実情が、どこのご家庭でも大なり小なりあるはずです。いや、それはわが家だけかも!?

「それをすべて浪費というんだ」

なんて極めつける気はありませんが、知らず知らずのうちにぼくたちは無駄なことにお金を使っているものです。そういう無駄をひとつひとつ省いていけば、けっこう余裕資金が残るのではないか。男のヘソクリも可能性が高まるのではないでしょうか。

そうです、義理のつきあいを一切やめれば、男のヘソクリが可能です。

「それはドケチになれってことだよ」

などと断定されては困ります。あたり前の必要経費と思われた日常的なお金が実は浪費だった、ということが、何かのキッカケでわかるもの。

浪費も、節約に気づくまでの一種の授業料なんです。

「ほんといえば、義理を欠くことができれば、親族や友人間の無駄な出銭はいくらでも削れるのに」

と実はホンネを言いたいけど、義理を欠くのは勇気がいるし、へたすりゃ悪口いわれて孤立してしまうから、こわくてぼく自身も実情は、中途はんぱな形で義理を欠くようになってます。何かあった時に助けてもらう、持ちつ持たれつの関係を保つにはある程度義理を大切にしてお金を使うべきこともわかってますし。

じゃ、義理を欠かないですむ浪費と節約について、世相をバックに考えてみましょう。

何といっても、教育費でしょうね。学校でなく、塾やセミナー関係です。わが子の教育のためとあれば、親はお金を惜しみませんが、教育費の名のもとに無駄も多いのではないか、と思います。だいたいＴＶで宣伝している所なんか、業者が親と子をカモにしてるとしか思えませんけどね、教育・受験という名のもとに。

「中には、見栄と競争で塾に行かせる親もいるし」

とも聞きますが、中には、ではなく、どこの親も似たようなものと違いますか。

「子どもいないくせに、えらそうな口きくな。お前なんかに親の気持ちがわかるか」

友人、知人からいつも、親のこころがお前にわかるか、といわれるのでもう黙りますが、でもぼくに言わせれば、塾のような私的教育費はちょっと出し過ぎです、もっと削れると思うのですが。

ぼくは独断と偏見がすぎるイヤな性格なのか、TVのコマーシャルなんか見てまして、いつも思うのは唯ひとつ。

「結局、業者のカモなんだ、消費者は。保険といい、証券・信託のPRといい、儲けるのは業者じゃないか」

これです。賢い消費者もいるだろうし、自分の金を自分で納得して使うのだから勝手だ、といわれればその通りですが、カモになっていながら、業者やメーカーに感謝しちゃいけません。これは反対だ、消費者、つまりお金持ってるお客の方が強いはずなのに。

業者のカモになるのは、高齢者も例外ではありません。

終活なんて言葉が一時流行りましたが、あの終活セミナーなんて行きましたか。ひどいもんでした。マスコミと業者が仕掛けた商売があの終活なんですが、笛吹けど高齢者踊らず。会場に行ったら、セミナー参加のお人よしの老夫婦の数より、業者のほうが多くて、かれらの宣伝ブースがいちばん派手でしたよ、PRが。

そういえば、思いだした。自分史が何となくブームでしょう、今。あれも、書くのは自由で勝手だけど、しょせん業者のカモですからね。

たしかに自分史は誰でも書けるし、立派な書籍を世に出すことも可能なんですが、いったい誰が読んでくれるのか、買ってくれるのか。本屋さんの店頭に並ぶのか、何百冊の在庫をどこに置けばいいのか、配本献本などの手数や郵便代を考えると、実にこれが大労働・大浪費なんです。

たとえ中身のこい自分史を書いたところで、現代人は自分のことしか興味がなくて、老人の個人史など、関心を持ってくれない、ましてや最後まで読んでくれる奇特な人なんて少ない、と思います。

趣味で自分史書くんだ、というのなら話はまた別で、とくに反対はしません、あなた自身のお金使うわけですからね。

長々とお金にまつわる話を読んでもらいましたが、いささか迷惑でしたでしょうね。ぼくの勝手な雑談トークだから、お目こぼしの程を。

13

団塊世代の相続問題は骨肉の争い

老いのいましめ 13

- でしゃばるな、知ったかぶるな、おせっかい焼くな、憎まれ口きくな相続といえば、お金持ち・財産家の問題と相場がきまっていました。遺族間のトラブルも含めて、これまでは、いわば他人事だったかも。

今は平成27年に相続税法の強化がきまり、ごくごく一般の庶民層にも相続の悩みが及んできたのをごぞんじでしょうか。税金のことは、ほかの専門書に任せるとして、ここはそれ以外の遺族間のトラブルも含めて、

「親が死ぬまでは仲のよかった兄妹二人が、今や骨肉の争いです」

とぼやく大井クン。

これは運が悪かった。大井クンの父はそうとうな資産家だったから、横浜で何百坪の土地の上に大邸宅を構えていた。奥さんに先立たれ、父はそこに大井クン夫婦と暮らしていたんだが、本人の急死。遺言もないので法定相続分でスンナリ遺産分割しよう、と長男の大井クンは思っていたのですが、そこへ思わぬ横槍が入りました。

実の妹が旦那と相談したのでしょう。妹の言いぶんは、

「家(うち)は今のマイホームがあるからお家いらない。その代りあたしの相続分、家と土地売って現金でちょうだい。そうしてくれないと、分割協議に応じない」

まさかの申し入れにびっくり。ここはオレが住んでる自宅だ。売ったらオレの住み

家がなくなる。法律通りに、兄妹の共有名義でどうだろう、と持ちかけたところ、

「あたしの家はローンで建てたばかり。お父さんの大邸宅もらっても住めるわけじゃなし、売りたくても共有名義じゃ、兄妹二人の合意がなければ売れないでしょ。お兄さんもここ売って、どこかへ引っ越せばいいのよ」

と主張を曲げない。どうやら妹の旦那が金融関係の人だから、諸例を参考に妹に知恵をつけてるらしいから始末が悪い。

　というわけで、この大井クンは泣く泣く自宅を処分し、父の遺産を売った金を山分けしたという。幸い、相続税の納付分は株券などあったため、そちらで現金納付できたといいますが、父親と同居していた住みなれた自宅を追放の憂き目にあった大井クンこそいい面（つら）の皮。まさに思わぬ甚大な被害でした。

「それは土地持ちの富裕層の持ってる悩みだろう。うちあたり庶民のセコイ家一軒は問題ないさ」

　とタカをくくるのはまだ早い。たしかにマイホーム一軒なら、それが都心の超一等地なら相続税がきついからいざ知らず、普通の住宅はほとんどが相続税の心配がないと思えますが、ここでも伏兵が存在する。絵にかいたように仲のいい兄妹たち、運わ

るく立てつづけに両親の葬式を無事に出したあと、もめごとが起きました。

「お兄さん、あたし父の家も土地もいらないから、あたしのもらえる分、現金でお願い。それも全体の3分の2ね、介護もしたんだし」

即ちこれも、今さら家なんかもらっても邪魔、住む気もないが、といって法律に従ったら共有名義で持分登記になってしまうと、

「それは不公平よ。あたしは両親の介護にどれだけ尽くしたか。その貢献分(寄与分)を加味するのが当然でしょう。私としては3分の2の財産はあたしの権利だと思う」

これが妹の言い分。

ほかの妹たちにもそれぞれ言い分があったので、兄はまごついて、

「うちだって両親の介護は充分したよ。長男だから、うちが両親の介護をメインでやったのはお前たちも分ってるじゃないか」

「そこが違うの。あたしが毎晩電話して、お父さんやお母さんの愚痴聞いてあげて、お兄さんたちへの不満をどれだけ聞いて癒やしてあげたか知ってる？　その癒やしの介護をお金にしてもらわないと、浮かばれないわ、両親の遺志もそこにある」

この水掛け論、理くつで兄は妹たちを説得し、法定相続分でいくしかない、と弁護

士同伴で頑張ったものの、遺産分割協議書に欲深の妹が実印を捺してくれません。実印があってこそ協議書が整い、きちんと遺産分割ができるのに、妹のゴリ押しで一向に相続の話がすすまないのです。

オチは、兄が銀行から借金して妹たちに現金を渡し、親の遺産の不動産を自分のものにして一件落着ときいてますが、こういうバカ争いを、世間では〝争族〟といい、現実こういうケースが少なくないので弁護士さんは大忙しですって。

現代の相続は、不動産物件、とくに土地をもらうと共有名義となり、各自の持分もあいまいのまま却って事後に面倒がおこるという流れになりかねないから、

「早いとこ、きれいに金で解決しよう」

という即決主義が主流になりつつあるそうです。

団塊の世代の諸兄姉、親御さんの年齢を考えたら、たとえマイホーム一軒でも相続のモメ事になって思わぬ災難に巻きこまれることを、想定したことがありますか。

「仲のいい、やさしい姉妹こそ豹変する。人間はブツを前にすると人格が変わるんだ。男の兄弟たちも例外ではない」

ここを肝に銘じて親の生前から、相続のことも頭の片隅にいれておいて下さい。親

が生前、元気のうちに遺言書を書いてもらうのも一案です。遺言書にもケチがつき〝争族〟に発展することもありますが、原則としては親の遺言書が法律より優先しますから、心配なら専門家（公証人役場、弁護士、信託銀行など）に相談なさるのがいいでしょう。

相続のトラブルは、遺産分割が一見スムーズに終ったとしても突発することが、たまにあります。

たかが一軒のマイホームでも、相続後にこれを売れば一人の取り分が何百万円、いやそれ以上になる可能性大です。柴山家ではまさかの珍事がおこりました。

「あたしの持分だけど、共有部分だけお金にかえてくれない。全部売らなくていいの。あたしの分をお金に換算して、それもらったらあたし持分ゼロにして縁切り状態になってもいいし」

これはケンカでなく、持分を特定し、せっかく共有名義の所有で相続がうまくいったあとに、妹がお金入用になったがゆえにこの挙に出たわけで、ケンカしても始まらない代り、親から相続し兄の家族がいま住んでる家の、妹の持分だけを現金化しろとの要求。

そういわれても自宅だから売るに売れず、しかたなく兄がやっと自分の貯金のほか現金をかき集め、妹に渡し、円満決着しました。

こういう例が最近ふえています。相続人の誰かが住んでる家の一部持分を現金化するのは難しいから、いまは業者が、

「あなたの持分だけ売却して下さい。不動産の持物所有の方、よろしく」

こんな呼びかけで広告を出し、ベラボーに安く買い叩き、あとでその家族をカモにする。そういう例がなきにしも非ずで、相続による持分登記の共有名義も、これからはもっと面倒になってくるかもしれません。


あまり一般的でない実話ばかりで恐縮ですが、団塊の世代といっても、女性の独身者の立場も相続にからんできます。これは常識で、昔のように、長男が後を継ぎ、娘は少し何か形見でももらえばいい、なんて時代ではもうありません。次は、永山家の例。

「わが家はきちんと分割協議がすんだし、税務署にも相続税の申告をすませました。問題は全くないはずでしたが、あたくしの姉が70近くて独身なので、親の死後、先行

き不安から頭がおかしくなってきたんです。そこで弟のぼくに対し、一生食っていくだけのモノを別にくれ。そうしてくれないと、裁判に訴える」

こんな言い分、通りませんが、精神状態がおかしくなってるから、夜な夜な大声で勝手な主張を門前で叫ぶんだそうです。この永山家は新宿の目抜き通りに店を構えてる手前、姉の夜な夜なの急襲には、身内だけに手の打ちようがありません。

彼女の究極の言い分は、

「あたしがこれまで独身できたのも、親の仕事を手伝っていわば犠牲になったのだ。その分あたしの青春を、返してもらいたい。そして老後安泰にくらせる保証を弟たち夫婦はあたしのために行う義務がある。お前たちだけ幸せになるのは、親の意思に反する。お前たちの相続分、こっちに寄越さないと訴えてやる」

すでに決着ずみの事実とはいえ、精神的に正常でなくなった姉の毎晩の異様な行動に、永山家の夫婦も黙ってるわけにはいきません。

型通り、弁護士をいれての話しあいを続けていますが、両者の言い分は平行線どころか、姉の一方的ゴリ押しに混乱が大きくなるのみ、解決の具体策がいっこうに見えず、ほとほと困惑している現状だ、と聞いています。

これは極端な例ですが、相続というのは一筋縄ではいかない部分が想定外に多くて、

「うちは財産なんてないから…」

なんて高見の見物をきめこんですむ、という現実ではありません。土地を持つ親からの相続税の心配もさりながら、問題をこじらせるのは、相続人たちの欲と、身勝手な主張です。それは親の没後、分割と相続で表面化するのが常ですから、そういう心配があるお宅は、親の生前からよく相談し、専門家の意見もいれて事前の対策を講ずるに越したことはありません。

ここからは著者の独断ですが、

「相続でもめるのは、親の責任である」

持てる者ほど死後の始末に心を砕くべきで、それをあいまいにしたまま、わが子を信用する余り、自分の死後、想像もしない〝争族〟で遺族がもめ、世間にみっともない醜態をさらすハメになるのです。

「相続問題は、税金よりもモメゴトのほうが多い」

この事実は司法統計年報にもデータ化されており、遺産分割事件の実態は、調停実現に要する期間が2年3年なんてケースが少なくなく、しかも相続税の課税の心配な

いレベルの、いわゆる庶民層における調停依頼人のほうが、調停・審理の期間が長引く、と専門家が講演会で話していました。

そこでぼく流のアドバイスを、遺産相続が遠くない団塊世代のみなさん用にいくつかまとめてみたので、ご参考に。

①できるだけ遺言書（自筆、または公正証書）を生前に作成してもらい、全遺産のこまかい配分に関する親の意思を明確にしてもらうこと。かりに全額を相続人の誰か一人に相続させるとしても、裁判により、遺留分は認められます。

②遺言書はできるだけ家族会議のような形で、親をかこみ法定相続人が何度か相談し、全員の合意形成に時間かける、この形が理想といえるが、それらは親の健康寿命が切れる前にやっておくこと。
なぜなら平均寿命はデータ的に、男80・79歳、女87・05歳（『平成28年版　厚生労働白書』より）となっているが、専門家の言によれば、その寿命も、「男は死亡前9年ぐらい、女は死亡前12か13年ぐらいは寝たきり、認知症、入院な

どがあり、堅実な判断ができるのは、健康寿命の期間だけと極論できるので、なるべくその期間内に遺言書を作成してもらう、これも検討課題である」そうです。

ちなみに健康寿命は、男71・19歳。女74・21歳というデータがあります。

③不動産の相続は、絶対に、共有名義を避ける。持分比率がどうであれ、共有名義と持分所有はあとあと禍根をのこすトラブルの発端です。

④ただし一般読者のみなさん、誤解しないで下さい。現相続税の心配は、価値ある一等地を数十坪以上所有しているケースのみで、庶民レベルの例には相続税の心配はまずありません。

14

親の老後と どう向き合うか

老いのいましめ 14

- 争わない、無理しない、頑張らない

両親のどちらかが介護状態になると、子どもの誰かが面倒をみることになります。子どもが一人なら、それはもう義務化してしまいますが、兄弟が何人かいる、または兄弟姉妹が多い、ましてその誰かが親の家に同居している、など事情はさまざまですが、どういう事情であれ、介護には親族間のトラブルがつきもの、このトラブルがまた尋常ではない場合が多いのです。

その一つは、お金がかかる。誰が負担するのか。

もう一つは子どもの誰が現場で責任をもって親の介護をするのか。ここで深刻なきょうだいげんかが始まります。

介護は実に厄介で大変ですが、まずは概況から見ていきましょう。

どなたも想像する通り、社会保障関連の問題はどれも、今後かなり深刻化してお金がかかっていくと思われます。となると、団塊世代にとっては、親の介護はいづれ直面する難関のひとつといって間違いありません。

「うちはラッキーだったよ。親がボケもせず寝たきりにもならず、80過ぎてポックリ大往生してくれたからな。ほんとに手のかからない子ども孝行の親だった」

なんて運のいい家庭もありますが、今や親は二人どころか、一夫婦両方に親がいるから四人いておかしくない時代。長男長女の結婚で他に兄弟姉妹がいない家庭など、親のひとりまたはふたりに何かの異変が起きたら、夫婦で義理の親の面倒みていかなければならないのは、やむを得ません。

「夫婦とも健在なら、亭主が働き妻が親の世話をする、これはあたり前だろうが、かりに老夫婦のどちらかが病気になったり、または先になくなる、あるいは親ひとり子ひとりという状態の親子、世間にはさまざまなケースがあるから、介護状態になった親の面倒を誰がみるかは、それぞれの家庭ではハンパでない大問題だよ」

と福祉関係の専門家が実情を話してくれましたが、厄介なのは少人数家族のケース。著者の知りあいにも類似の例はありますが、80歳すぎた母親に突如、認知症の症状がでてきて一人では放っておけない始末に。娘の話では、

「夜中に起きだして近所の家の玄関のベルを何十軒も押して、徘徊するんです。お巡りさん呼んでも、現行犯じゃないし被害届けも出てないからって相手にしてくれないし、昼間は昼間で、勝手にひとりで買いものに外出して見知らぬ所で何しでかすかわかりません。私は会社でおちおち仕事がしてられないんです」

認知症がはじまった当初は、会社に何回も電話がかかり、それも同じ内容のくだら

ないくり返しだから、

「いいのよ、お母さん。安心して私の帰るの待ってて」

こんな状況でしたが、認知症がだんだん進むともう、家にじっとしておられず、スーパーで万引きをしてしまうし、無銭飲食はするし、一時もう目が離せなくなってきて、娘は会社の仕事でそばについていておれないから、

「誰か、お目つけ役はいないのか。家族はなにしてるんだ？」

近所から苦情が出る始末。ここに至って、ついに娘は仕事をやめ一日中つきっきりで母の看視と世話をする破目に追いこまれました。娘がそばにいないと、どこで事故おこすか、そして誰に迷惑をかけるかわからないからです。

「結局、私が会社をやめ、母の世話を無給ですることで今は小康状態ですが、無収入になったので今度は生活費の心配です。いつまで家計がもつのやら」

娘は暗い表情で語りますが、親の介護のために職をやめざるを得ないケースは、今やたくさんあります。しょせん介護と仕事は両立しないのです。

「老妻の介護のため、会社をやめて介護に専心する」

そんなサラリーマンの記事を見かけますが、だいたい団塊の世代の人が多い。たま

たま親の年齢が80から90という心配な世代になるからでしょう。

「私の仕事ですか？　妻と朝から晩までいっしょです、妻の介護が私の仕事ですから」

と言いつつ、この人は貯金がやがて底をつく、そうなったらどうしよう、とも案じていました。

「それは運わるく、介護役が一人だったからで、普通は家族みんなで協力して介護の任にあたるのでは？」

そう思いがちですが、家族構成や経済上の理由でそう簡単にコトは進みません。

経済に余裕があれば施設に預けることもできますし、寝たきりになってもお金さえ出せば、預かってくれる所もたしかにあります。デイサービスという制度も便利に利用できますが、要介護がすすんでいくとややこしくなって、そうなると、家族間に別のギクシャク、たとえば金銭負担の多少などが生じてきて、結局は誰かが中心になって介護の任にあたることになる。そして要領のいい、逃げ上手の人だけが責任逃れという形になり、介護される親をめぐって予想もしない不和やイザコザが起きてしまいます。

「介護、寝たきりは、家族の責任でなく社会の問題だ。社会保障の貧困だ」

と叫ぶのは容易ですが、介護者を抱える立場に立つと、日々が戦争みたいなもので、できれば老親がぼけないよう、介護状態にならぬよう、誰もが本心では願っているのではないでしょうか。

著者の身辺のエピソードを思いつくまま並べてみますと、一口に介護というが、そこには人の心の裏表が透けて見えてきます。

ぼくは両親の介護をすることができず、妹に毎月、それなりの送金で長男の役回りを代行してもらい、両親をあの世に送ることができました。ほんらいは長男の嫁、つまりぼくの妻が中心になって親の面倒をみるべきところ、妹に助けてもらった形です。同じ長男の嫁でも献身的に義理の親ふたりの老後を世話し、親からは涙の感謝を受けながらも、夫の姉妹たちからは、

「長男の嫁だから当然よ。お兄さんはその分多く財産もらえるんだから」

こんな冷たい陰口も。現実には長男といえども、遺産相続は法律の取りきめ通り平等だから、いかに長男の嫁が献身的に亡き両親に尽くしたとしても、その見返りというのか、介護労力代は一円にもなりません。

これを不公平と見る向きもかつてはありましたが、

「長男の嫁は損な立場よね」

この一言で片づけられてしまいますから、長男の嫁の献身的な介護は報われないことになります。

それとは別の問題として、老後を看とった内縁の妻にも隠れエピソードが少なくありません。

某有名俳優ですが、妻に先立たれた独身の身で愛人宅に介護の身を寄せていました。子どもたちは愛人の手前、ヘンな遠慮をして連絡も寄こさず、この俳優氏はもう割り切って、死ぬまで愛人の世話になることにきめたものの、流石（さすが）に愛人です。

「一生あたし面倒みてあげるから、遺言状書いて下さい、全財産あたしに預けるって」

たしかにその通りの遺言状が弁護士立ち会いで書かれましたが、法定相続人たる実子たちの遺留分もあるので、その結果は聞いておりません。

「ちゃっかりした奴だな、だから女はこわい」

なんてこの際言っちゃいけません。老後を死ぬまで介護してくれる愛人なら、実子たちも手がかからなくていいや、親父のことは放っとけ、口出すな、と喜んでいるかもしれないのです。

もう一例、これは身辺の話ですが、親が寝たきりで介護状態になった時、面倒みる責任は娘の自分にあるのですが、この娘は要領がいいから、親友のひとりに、

「いいバイトがあるの。お願いできるかしら」

と親の介護を安いお手当てで友人に押しつけ、自分は介護で大変なフリだけして、親を他界させました。そして何と、本人はこれを美談化して、

「死ぬまで父の面倒をみました」

と世間にふれまわって、本人もずいぶん得をしたような話も耳にしています。

いづれにせよ両親の介護というのは絶対的に誰にも起こることではなく、運不運も大きく左右します。強いていうなら、親が幸いにも長生きしてくれて、しかしその余波で不幸にもおかしくなった、という特殊な状況になったら、その時はその時で考えるしかありません。

「問題は親でなく、むしろオレだよ、オレが介護状態になったら誰が面倒みてくれるのか。オレでなく、妻でも同じだよ。これからは何百万人の老人が寝たきりになった

り認知症になったりというデータもあるそうじゃないか」と70代の知人が不安を口にします。この前後の世代にとって親の介護も他人事ではないけれど、自分自身のそれも将来の不安材料の一つなんですね。

参考までに介護費用にもふれておきます。介護保険があるので、ここでは介護における自己負担額だけ注目してみます。

介護サービスをどの程度利用するかで、負担額はとうぜん変わりますが、全国的には月額平均7・9万円というデータがあります。これはホームヘルプサービス、デイサービス、ショートステイなどの公的サービスをフルに利用した場合、その一割が負担なので、こういう計算になりますが、食事の宅配サービスや福祉自動車の送迎、外出介助等の保健対象外サービスなどなど、さまざまな民間サービスを利用すると、これは全額自己負担となり、思わぬ出費につながります。

ですから、月額平均7・9万円というのは、かなり抑えた介護費用ということになって、20万円ぐらいは毎月の介護費用を親のために出費するのもあたり前ではないか、という見方もあります。

また介護状態の親を、有料老人ホームや特別養護老人ホームに入居させた場合は、それなりの費用負担が必要ですが、これは一律に平均金額をだせません。何十万円という負担もあることを、承知しておいて下さい。

さて次は、親でなく自分が老いた時の介護についての話になりますが、かく申すぼく自身、親を介護した経験がないので、自分が介護の身になったらどうするのか、真剣に考えたことはありません。すでに契約済みの老人ホーム「アクティバ琵琶」で老後は世話になるしかないので、そういうこともふくめて次の項目に移ります。

15

自分自身が介護の身になったら

老いのいましめ 15

・人生、朝露のごとし

これは考えたくもない話ですが、誰しも老後は何が起きてもおかしくないし、現実にぼくにも何が起こるかわからない。不幸にして70過ぎて、いや60代においても、寝たきり、認知症になる可能性なしとは限りません。

そうなったら誰が自分を支えてくれるのか。

「それは女房にきまってる」

と言いたいところですが、中には悪妻もいるし、彼女が先立って孤独の場合もありますし、息子や娘が必ず面倒みてくれるという保証はどこにもありません。家族それぞれの事情で、親の介護したくても出来ないことだってあり得ます。

「その昔は、長男の嫁より実の娘が頼りになった。当時の娘は専業主婦だから、通い(かよ)で年寄りの介護に専心してくれた。いい時代だった」

と述懐する老人がいましたが、今は専業主婦すらも子どもの世話や仕事で忙しく、実父だろうが義理の父だろうが、親の介護にまでなかなか手がまわりません。

その老人はさらに嘆く。

「おれの若いころは、ほんとに娘が頼りだった。老後のアテは娘に限る、これが常識だったのに」

現在はその娘すらも、介護と職業の両立は難しいという理由で、たまにしか顔出してくれないそうです。

じゃ介護は誰に頼んだらいいのか。対価を払って専門家に任すしかありません。ぼくはその考えかたでイザって時の準備をすすめています。

「ほんとうは身内に介護してもらうのが一番なんだが、それすらも現代では一種のぜいたく（？）なんだ」

という悲しい現状をもはや否定できません。

介護というのは、介護するほうも介護されるほうも、ある程度人格を変えないと務まりませんね。介護するほうはとくに、それほど自分の人格を棚に上げてこの非生産的な仕事に、自分自身と自分の時間を捧げなければならない、あくまでぼくの個人的な見方ですが、介護ってのはそれほど大変なんです。

しかも介護の仕事は安い報酬と激務に耐えているのに、お年寄りの身に何か事故が起きたら、責任問題に発展しますから、割のあわないビジネスなのです。

なのに、政治家たちは口を開けば、フクシ、フクシと叫びます。その仕事を一日でもやってみれば、介護中心の福祉の仕事の大変さがわかります。

「そうはいっても、介護を頼む側は金がかかるよ。介護保険払ってるのに、その上にもっと金がかかる。やっぱり在宅介護のほうが落ち着いて気持ちが静まる、遠慮がないから」

というわけで、今の所は身内による在宅介護が主流のようですが、介護する側の身になってごらんなさい。身内といえども、こんなに気を使う24時間の重労働は他にない。ぼくは在宅介護は望みません。

「それじゃ何のための家族なんだ」

という声も多くあります。身内の誰かを犠牲にして自分の介護をたのむのは親のエゴです。たっぷりお金でお礼するなら別ですが。

ぼくの考えに同調する人も一部に、少数でしょうがいることはいます。団塊世代のAさんですが、かれは娘や息子に迷惑かけたくないといい、といってお金かけるのもイヤと見え、こんな結論に。

「うちは老老介護だよ、長年連れそった夫婦だから」

いかにも美談に聞こえますね。損得抜きに長く結ばれた夫婦の絆、老いてなお共に持ちつ持たれつで暮らすのはある種、うらやましい偕老同穴（かいろうどうけつ）の話でもあります。

とはいえ、老老介護ですよ。さっきも出てきた、

「妻の介護のために私は仕事をやめました」

これが美談ですか。仕事続けて、そのお金を専門の施設に払って妻の介護してもらうべきではないか、と思います。

「妻は半身不随の植物状態なんだ。オレがそばにいなけりゃ生きていけない。朝から晩までシモの世話までしてるが、いとおしくてね。いつまでも生きてほしい、それがオレの生きがいだ」

そのあと老老介護の苦労をきかされましたが、

「みじめ！　やめてほしい」

口にはしないけど、これがぼくの実感でした。おのれを無にして妻のために、まだ働ける時間を犠牲にした夫婦愛、それはそれで一片の物語にはなるでしょうが、実に、非効率な一人よがりの愛情物語にすぎません。ぼくはやんわりと、

「専門の施設にいれたらどうなんだ？　妻もそれを望むんじゃないか。むしろ金だしたほうが安上がりで、かえって効率的で安全だよ。シロウトでなく専門家に任すんだから、おたがい安心じゃないのか、君も仕事続けられるし」

言わずもがなのおせっかいを焼きましたが、もちろん一笑に付されました。

「愛する妻のためさ。これがおれの晩年の生きる選択なんだ」

とかれは笑っていましたが、ぼくは意地悪く反対の立場も考えました。

「世間一般の例として、夫がもし、寝たきりまたは認知症になった場合、妻はのこり半生を棒にふってでも老後の夫の面倒みてくれるかな。多分、みてくれないのでは？」

ぼくの邪推と思われるでしょうが、妻はきっと、ダメになった夫を施設にあずけ、自分は貯金もあるし、ひょっとして楽しく働いて、たまに見舞いにくるだけではないでしょうか。

「だって共倒れになると、モトもコもないでしょう。老老介護も悪くはないんだけど、あたし自分の命も大事だから」

たしかに夫の介護疲れで妻が倒れた話も聞きますし、老老介護の辛さは当事者以外にはわからないとも思います。専門家にきくと、

「自宅じゃ、きちんとした設備もないし、シロウトが愛情だけで面倒みるだけだから却って短命になりますよ」

と極端な説をなす人もいますが、これは個々人の選択に帰する問題です。ぼくは老

人ホームにいづれ隠棲する計画がきまってますが、ぼくの知りあいの老婦人などは、「どうしても自宅で死にたいの。孫や家族に囲まれて。私のわがまま許して下さい」

こんな老婦人も実在しますから、これ以上強いことはいえません。

でも団塊世代の諸兄姉、イザとなって介護される立場になったら、どうしたいですか？　在宅介護ですか、施設に入りたいですか？

正解はありませんが、在宅介護は安くて気分的にラク。その代り、家族の大きな犠牲を強いる、自分のエゴとも向きあうことなきにしも非ず。

これを当然と思えるかどうか。

施設に入るとしたら、それなりのお金がいります。その費用は子どもたちに負担させるわけにいきません。自分で生前、まさかの時のために夫婦で用意しておく必要があります。それができるかできないか、それも含めて団塊の世代は自分の将来のために、それなりのお金を作っておく必要があるのです。それがいかに大変で苦労であっても。

人生すべてはお金がベースになります。とくに老後は然りです。もろもろの浪費をきっちり抑えれば、老後のお金は誰でも蓄えることができる、と思いますが。

16

老人ホーム是非論

老いのいましめ 16

・気にするな。70過ぎたら、誰でも、まだらボケ団塊世代が70代を超え80代にさしかかるころには、世相はサマ変わりで、いまは高嶺の花と一部でいわれる老人ホームなども、よりどりみどりの買い手市場となり、自宅を捨てホームに移住する人がふえるかもしれません。

未来予測なんて、余命いくばくもないぼくの関知できることではありませんが、老人ホームの是非論についてぼくの知るところを書いておきます。

ぼくの居住予定の老人ホームは、琵琶湖畔の「アクティバ琵琶」という老舗の有料老人ホームですが、ぼくは創立当初から妻の縁でここに入居し、セカンドハウス的に今は利用してますが、いづれは都心暮らしを捨て、ここに隠棲する計画です。

「老人ホームってのはバカ高いから、入居なんて無理だよ」

という声をよく聞きますが、入居料が高ければ、維持管理、食費などがやや安く、百万円台の安い入居費用でいいなら、維持管理などの雑費が高くなる、これは相手も事業者で慈善事業ではないから当然の理です。そこは自分の懐具合と相談してきめるしかありません。

「何たって、特別養護老人ホームに限るよ。設備もサービスもいいし、何より安い」

これが老人の願いですが、特養は何百人ものウエイティング者が待機し、よほどの幸運に恵まれない限り、入居は容易ではありません。

結局は民間の介護つき有料老人ホームを選ぶしかないのが実情なんです。

じゃ、どこがいいか。週刊誌などが、老人ホームの住み心地・サービス度合いなど本人たちがランキング形式で点検（？）し、発表してますが、あんなものは適当な調査だけで本人たちが住んでないから、全くアテになりません。

老人ホームは外見や営業説明だけではなく実さいに住んでみて、相性がいいかどうか、まで判断しないと、実態はわかりにくい。そこで老人ホーム入居希望の読者は実さいに何か所も見学し、比較検討し、体験入居までして決定することをすすめます。

そうですね、決定まで半年から一年は最低かかる、と思って下さい。

資金は、それまでの貯えや、自宅を売った資金を充当するのが普通ですが、ぼくの住む「アクティバ琵琶」では、

「前に琵琶湖、背後に比叡山、ここに住めて幸福です、都会のうるささは全くないし、ここは別天地」

という老婆もいますし、

「自宅売っちまわないで、それはそれで残しておいて、ここのホームと行ったり来た

りの、セカンドハウス利用のほうがもっと良かった」

という声もあります。

ぼくの例を言いますと、東京・練馬の自宅を売り、ここを選んだ理由として、妻が交通事故でぼくの老後を面倒みきれなくなったこと、妻自身も身体的に不自由になったことなどがありますが、ぼく自身は車椅子生活になるまでは東京にいたいのが本心です。今は東京の都心ぐらしですから……。

ここのホームの特徴として、毎月の恒例でビデオ映画会やコンサートやったり、季節のイベントも盛りだくさんの上、趣味のサークルがいくつもあるので特に退屈はしません。まして窓外にひろがる琵琶湖では小・中学生たちがカヤック漕ぎの授業をやる、その若い掛け声をきくだけでぼくは若返ります。

「食うものさえうまければ、ここは天国なんだが」

これがぼくの率直な感じで、老人ホーム専用の食堂もありますが、ぼくは肉類が好きなので、カロリー計算の老人食は物たりない。

じゃ外食は、といいますと、近所に弁当屋とガストと中華の店があるだけ。時たま利用しますが、うまい物食べたい時には、京都まで湖西線で20分出張（？）しなくてはなりません。

自炊も可能です。食材買いの専用バスがスーパーまで毎週出ているのですが、ぼくは自炊がダメ、結局はレトルトなどでひとりめし、ということが多いので食生活には問題あり。自炊ができなければ、結構きつい毎日となりかねません。


ヒマつぶしは、京都で観光バスに乗ること。帰りに駅ビル内で食事して帰宅します。もう一つは、びわこボートレースです。実をいえばぼくの老人ホームは、かつて有名だった雄琴(おごと)風俗街のすぐそばにあり、今はJR湖西線の駅名も、「おごと温泉駅」となり、風俗の町から温泉と料理・観光の町に変貌しつつありますが、最近また賑やかになった雄琴の風俗街には、まだ一歩も足を踏みいれていません。ボートレースのほうが楽しいからです。

ボートレースで儲けたことは一度もなく、軍資金はいつも2万円以下なので、数か月のうち一日のレジャーとしてはそこそこではないか、と思ってます。

言い忘れましたが、ぼくはこの「アクティバ琵琶」で多分死ぬだろうと予測し、すでにお墓を予約してあります。

お墓といっても個人ではなく、「比叡山天台宗延暦寺大霊園」内にある「アクティバ琵琶メモリアルヒル」の中に、ぼくも妻も納骨してもらう手筈になっています。

そこからは琵琶湖が一望に見わたせるし、一年に二回は春秋彼岸の大法要をやってくれるし、かりに墓参の方が来てくれなくても、のどかな死後となるでしょう。ちなみにぼくの携帯電話（ガラケイ）の待ち受け画面は、ぼくの俗名が刻まれた碑の前で、にっこり笑っている場面ですから、毎日、ガラケイをあけるたびに、ぼくは自分で生前葬やってる気分です。

これを写メしたのは、落語家の立川志らら・立川らく次の二人。かれらは近江牛食べたさに深夜バスでぼくのホームに出かけてきて、

「近江牛ごち走になったお礼に、墓前のお写真とりました。いづれ遺影になりますよ」

とバカなことという始末。でもぼくにとっては、これも老後の色どりとなる小イベントですから、琵琶湖に行く度にぼくは自分の生前墓参をやってます。

この程度のエピソードじゃ、いくら並べても団塊世代の諸兄姉の興味をそそらないでしょうね。それではここでひとつ、

「老人ホームは暗くて、さびしい」

この通念をひっくり返す（とぼくが勝手に思ってる）話の小ネタを、ここでご披露しましょう。

それはぼくの老人ホームから車で30分、近江八幡（おうみはちまん）の話題です。ここには有名な「たねや」があり観光客には大人気ですが、こんなのはぼくの関心外。ぼくのお目あては、手こぎの櫓船で楽しむ水郷めぐりです。

「なんだ、水郷なら、日本全国いくらもあるよ」

と思うでしょうね。そこが違って、この近江八幡の水郷めぐりは、垂涎（すいぜん）のオマケがつくのです。

読者は、中村吉右衛門の超人気ドラマ『鬼平犯科帳』や藤田まことの『剣客商売』などをごぞんじでしょう。あのドラマはね、江戸が舞台になってますが、舟で大川（隅田川）を渡る場面や侍たちが賊を追う場面など、すべてがこの近江八幡でロケしているんです。

『鬼平犯科帳』のタイトルバックは、近江八幡の有名な八幡堀ですし、その近辺の古いたたずまいをカメラアングルを変え、毎回撮影に使っていますから、ぼくにはもう、余りにもなじみ深い場所なんです。

『剣客商売』の藤田まことの住まいも江戸下町の設定ですが、舟のシーンはすべて近江八幡の水郷。ロケの度に地元の船頭さんが貸衣裳で協力してます。

「ロケ地が京都でも、ドラマの情趣は江戸以外のなにものでもない」

とぼくは見るたびに感服してます。余談ですが、川のある時代劇のロケ地は今や近江八幡ぐらいしかなくて、このあたりが使いまわされているのだと知って、ぼくはますます琵琶湖の地が気にいってしまいました。まだ他に、安土城跡もありますし。

話が老人ホームから脱線しましたが、ぼくは自宅を売って老人ホームに買いかえたことを後悔してませんし、月々の管理費なども負担してますが、それも老後の介護と安全保障と割りきってます。だいじなのは、次のひとつ。

「トシとって体が動かなくなっても、オレには行く所がある」

この安心感です。あくまでぼく個人の価値観ですが、団塊世代のみなさんが老後を迎える5年後、10年後には老人ホームも充実し、

「自宅より、そっちの方がいいかな」

そういう時代になる、とぼくは思ってますが、それはぼくの死後の話です。果してどうなるやら。

17

老後はお金の欲を封印せよ

老いのいましめ 17

・足るを知るものは富む

初めに書いたように、老後に大切なのは、お金と健康と交遊・交友の3Kですが、とくに老後のお金は、あればある程邪魔にはならない、ってわけで、そこそこ貯蓄額がないと安心できません。

といって何千万何億円持ったところで、実さいにはそれ程かからないのが普通で、老後のお金のことを必要以上に心配するのは愚かなことだ、とぼくは現実に老後を体験してみて、また周囲を見聞きして、そんな風に考えています。

しかも相続税の強化で、土地と株や預貯金にはズバリ、けっこうな税金が狙いうちしてきます。

「いや、老後の金は、たくさんあるほど幸福なんだ、心も安定するし」と願う人はただの欲深じいさん、又はどん欲ばあさんで、そういうご仁に限ってだましやすい、だまされやすい、と詐欺師のプロが教えていました。なにしろ、還付金サギまで現実にある時代ですからね。

また、保険のCMで、「あたし少しでも残したい」なんてアホいってるオバサンたちがいますが、これも欲ボケです。

そこで、老後にだいじなお金の話ですが、

「70歳、つまり古希を過ぎたらお金の欲を捨てよう。老後のためにもっとお金をふやそう、子孫にもっと残そう、なんて欲は持つな。プロが教える老後の資産運用計画なんて信用するな。思惑通りにうまくいくわけがない。時代の動きが速すぎて、年寄りの頭と知恵は、金融界の動きについていけない。老後は金の欲で身を亡ぼす」

こんな理由から、ぼくの鉄則は、

「老後は、投資なんか、やめろ。いわんや、投機においておや」

つまり投資も投機もだめ。資産を運用して持金を倍増させようなんて欲は、せいぜい60代前半までのこと。高齢になったら欲をだして無理しちゃいけません。フツーの人は身を滅ぼします。富裕層は別ですけどね。

ぼくの経験からいえば、

「お金を貯めるには時間がかかる。そしてそれなりの努力と勉強と知恵が必要だ。さらに絶対必要なのが運だ。専門家の理くつや予想通りには、時代とお金は動いてくれない。シロウトが儲かるほど、世の中甘く出来ていない。ましてや老人は、ふやす時間がないし、失敗したら立ち直れない」

という単純な事実です。若いうちはともかく、60代の後半に入り70代80代になってお金の欲をだすと、お金という魔物に振りまわされて大けがするだけ、と割りきったほうが無難だと思います。

「なにを今更バカな。今はＩＴ時代だぞ。時代おくれの古びた昔の発想だ」

と笑う高齢者がいたら、その人は老後お金で泣きます。お金の運用のプロでさえ、口でいう程カンタンな仕事してるわけでなく、命がけで金儲けと取りくんで失敗ばかりしています。かれらは失敗しても恥じない、責任をとらないからプロとして引きつづき営業してるわけですが、カモにされた高齢者たちこそいい面の皮だと、ぼくは思ってます。年とって金で失敗したら、もう立ち直れませんから。

とくに最近は、小金持ちの老人を狙った高利回りの投資話がネットやチラシ、広告、パンフレットなどでも多く見られ、被害に泣いてる人がたくさんいます。

「一体お前はなにが言いたいんだ!?」

と、ここらで怒る読者もいるでしょうが、ぼくの持論は、

「資産運用に王道なし」

「資産運用は運。そして、まじめにコツコツと」

ここらに尽きます。

じゃ一体、われわれは老後を直前にどうしたらいいのでしょう。

前にも強調したように、浪費をやめること、これです。浪費じゃない、必要な出費なんだと思いこんでる中にも浪費の部分は必ずあります。それをきびしく見直すのが、老後へ向けての準備運動のはじまりです。

「節約という名のケチに徹しよう」

こういう根性で生きれば、悪い老後にはなりません。Ａクラスです。ドケチは人に嫌われ、みじめでさびしい老後に落ちる可能性もありますが、普通のケチなら他人も認め、ケチがわが身を守ってくれます。

「ということは、低金利のまま金融機関にただ預けておけ、ということか、お前の考えかたは」

と問うなら、大体その通り。マイナス金利のあおりで銀行は手数料増額の流れだし、一方で新しい金融商品や資金運用の新手も現れていますが、そういう新ネタに飛びつく高齢者は必ず失敗します。高齢者の頭では、いまの時代のお金の増殖理論がわからないからです。

ぼくの考えに反対なら自分のお金を好きなように動かし、悲しい結末を甘んじて受けるしかありませんね、これは自己責任ですから。

そこでぼくの独断的結論は、

「どんな低金利でも、無料でこっちのお金を安全に保管してくれる銀行や郵便局はありがたいじゃないか。銀行は現金を無料で預かってくれる金庫なのです」

極論で古めかしい感じですが、こうなります。これからの銀行は手数料の差額だけでなく、少額の預金に対しては、

「預かり手数料が発生します」

そうです、無料では預かってくれない、数十万単位で一定額以上の預金がないと、金利どころか手数料とられる、そういう時代になるかもしれません。金融の先進国では実さい、もうそうなってる国もありますけど。

70代80代の高齢者のみなさん、そして団塊世代の諸兄姉よ、あなたの周囲には、あなたの退職金や預貯金の虎の子をめぐって、「こんなに有利でいい商品があるけど、どうですか」という、おいしい話がイヤって程、散乱して舞いこむでしょうけど、全部お断りです。なぜなら業者の勧誘は、あなたのプラスではなく、業者の稼ぎになるだけなので、トクをするのは業者なんです。

生命保険、損害保険なども同じ理くつで、イザって時にトクする場合も少しはありますが、たいていは業者に儲けられてしまうのがオチです。

だから保険会社や銀行などは、目抜き通りに大きな建物を持ち、社員たちはあなたよりいい給料をとっているんです。ただし、銀行もこれから大変なんですけれどね。

ぼくもかなり老化が進んできましたね。まわりくどい理くつばかりで、実用論がちっとも出てこない。お前は老後のお金を一体どう考えてるんだ、という罵声（ばせい）にも似た声が聞こえます。

85歳になって、やっとたどり着いたぼくの結論は、こうです。

「利殖に励むのは60代で終わり。70代に入ったら、持ち金を減らさないことだ。出銭は常に、最小限におさえるべし。大金は老人には、なつかない！」

ああ、あまりにも単純でお粗末な、バカバカしいオチだ、と笑う読者は、あり余ったお金の一部で、株でも不動産でもお買いなさい、金塊でもいい、宝くじ何千枚でもいいかな。浪費のつもりで余裕をもってやれば、そんなに損も大きくなりません。

ここらで賢明な読者は察したかも。

「チンペイって奴は今まで、そうとう痛い目にあってるな。それで、おじけづいて消極的になってるに違いない」

ズバリ当たりです。ぼくはこれまでの生涯、さまざまな物に手を出し、ことごとく成功とはいえませんでした。いい思いをした時もありますが、バブルの痛手が致命的でした。

株、投信、外貨取引、金（キン）、お茶道具、書画骨董、ギャンブル、不動産、その他もろもろ。唯一、何とかカッコウがついてるのは、金塊だけです。あとはみんな思惑外れで大損失でした。

でも後悔はしてません。どうせ、あの世に持っていけないのがお金という資産です。ましてや、マイナンバー制度が定着すれば、資産の運用は間違いなく面倒で、とても高齢者の手には負えなくなります。他人に任せるのは、さらに危険でしょうね。

さらに言わせれば、このパソコン、スマホのＩＴ時代に、「デジタル遺品」と称する、新しい財産の形がこれから問題化してくるはずです、今でもデジタルの中に残った遺品は、相続人を悩ませています。

団塊世代のみなさんが老齢を迎える、あと5年後、10年後は、お金の世界がどう変化しているか、プロでもまるでけんとうがつきません。

マイナンバー制度も、やがてきびしくなります。年金は減り、社会保障費は高くなり、消費税も上がって、国民の負担はきつくなること必至です。そのほかに、デジタル遺品、ビットコイン、その他の新しいお金事情や金融商品がどんどん生まれてきて、時代の速い動きに全くついていけず、高齢者は混乱するだけ、という時代がきます。

「お金の世界は、堅実な者のみが常に勝利します、小さい勝利ですけど……」

とこれまで思ってきた人も、そうでない人も、これからの老後は欲をださず、じっくり大事に、自分の貯蓄を守ることに専心するしかありません。これ以外にいかなる方法もないことは、70代80代の老翁のみなさんが身にしみて知ってます。

素直な人はここらで納得してくれるはずですよね。

「そりゃ、老化したわしらの頭が、この目まぐるしい時代についていけるとは思わんものね」

読者のみなさん、ぼくの考えは当たり前すぎて古風で地味すぎるかもしれませんが、老後にお金のリスクをとることはバカです、リスクに一喜一憂する強い神経が、老いた自分にあると思いますか。

リスクを取らない正攻法の貯蓄こそ、イザって時の老後に役に立つのです。富裕層の人は勝手にどんどん好きなようにやればいいのです。おせっかいはやきません。しめくくりに、85年の経験でぼくが得た、お金に関する教訓を。

「うまい話には、ウソとウラ」

裏返せば、

「堅実で地道な話は刺激がなくてつまらん。それでもこれが正道・王道だ」

ということにもなります。うまい話はヤバくて危険がいっぱいなのです。

中国古典の大家「老子」はその書で喝破しています。

「正言は反するがごとし」

読者諸兄姉よ、老後は無邪気に楽しくいきましょう、せっかくここまで生きてきたのです。

老後をもっと面白がって大往生しなくちゃ、これまで生きてきた意味がありません。

（了）

著者紹介

野末陳平　昭和7年静岡県生まれ。早稲田大学文学部東洋哲学科を成績優秀にて卒業。24年間の参議院議員生活ののち、大正大学教授などを務める。2002年には勲二等旭日重光章受章。往年のベストセラー『姓名判断』『ヘンな本』『頭のいい銀行利用法』『頭のいい税金の本』など輝かしい過去をもつが、現在はお気楽な独り暮らしの隠居老人。
久しぶりの本書は、80代の視点から、これから老いを迎える人、老いの真っ只中にいる人に向けて思わず書き下ろしてしまった、自分流・老後生活のヒントである。

老後(ろうご)ぐらい好(す)きにさせてよ

2017年3月10日　第1刷
2017年7月1日　第2刷

著　　者　野末陳平(のずえちんぺい)
発 行 者　小澤源太郎

責任編集　株式会社 プライム涌光
電話　編集部　03(3203)2850

発 行 所　株式会社 青春出版社
東京都新宿区若松町12番1号 〒162-0056
振替番号　00190-7-98602
電話　営業部　03(3207)1916

印　刷　共同印刷　　製　本　大口製本

万一、落丁、乱丁がありました節は、お取りかえします。

ISBN978-4-413-23035-3　C0095